SPARKNOTES™

다락원 | Spark Publishing

이성과 감성

Sense and Sensibility

제인 오스틴

SPARKNOTES™ 045

이성과 감성

펴낸이 정규도
펴낸곳 (주)다락원

초판 1쇄 인쇄 2011년 4월 15일
초판 1쇄 발행 2011년 4월 22일

책임편집 안창열
디자인 정현석
번역 최기철
표지삽화 손창복

다락원 경기도 파주시 교하읍 문발리 509-1
내용문의: (031)955-7272(내선 400)
구입문의: (02)736-2031(내선 112~114)
Fax: (02)732-2037
출판등록 1977년 9월 16일 제300-1977-23호

Copyright © 2011, 다락원

출판사의 허락 없이 이 책의 일부 또는 전부를
무단 복제 · 전재 · 발췌할 수 없습니다.
잘못된 책은 바꿔 드립니다.

값 7,000원

ISBN   978-89-277-1994-6 43740

세계의 교양을 읽는다

고전을 왜 읽는가?

인간의 삶과 세상에 대한 영원한 물음이 있기 때문이다. 시대와 사상을 뛰어넘어 지금 여기 우리에게 필요한 물음이 없는 고전은 더 이상 고전이 아니다. 인간과 삶에 대한 근원적인 물음 없이 고전을 읽는다면 자신과 인간에 대한 성찰과 지혜로 이어지지 않는다. 논술 시험 때문에, 과제물 때문에, 아니면 남들이 읽으니까, 나도 읽는다는 식이라면 그 책은 죽은 책일 수밖에 없다.

고전을 살아 있는 책으로 만드는 이 '물음!'에 답하기 위해서는 좋은 길잡이가 필요하다. 오랜 기간 동안 미국의 고교생과 대학 주니어들이 시험, 에세이 작성, 심층토론 준비를 위해 바이블처럼 애용해온 'SPARKNOTES'와 'CliffsNotes'는 바로 그런 좋은 길잡이의 표본이다.

SPARKNOTES와 CliffsNotes의 가장 큰 장점은 방대하고 난해한 고전을 Chapter별로 요약하고 분석해서 원전의 내용에 보다 쉽고 체계적으로 접근하는 신속·간편성이라고 할 수 있다.

대입논술로 고민하고, 자칭 타칭의 고전이 넘쳐나는 오늘의 독서 풍토에서 지적 정복이 긴박한 대한민국 학생들에게 감히 이 시리즈를 자신있게 권한다.

—以貫之 논술연구모임 연구실장 이호곤

차례

SPARKNOTES와 CliffsNotes는 방대하고 난해한 원작을 보다 쉽게 이해할 수 있도록 돕는 안내서입니다. 여기에는 원작 이해를 돕기 위해 매 장마다 '요점 정리(또는 줄거리)'와 '풀어보기'가 실려 있습니다. '요점 정리(또는 줄거리)'에는 원저의 내용을 일목요연하게 정리해 놓아 저자가 전달하려는 내용을 어렵지 않게 파악할 수 있습니다. '풀어보기'에서는 철학서의 경우, 원저에 담긴 저자의 사상이나 관련 철학, 시대 상황, 논점 등을, 문학 작품인 경우에는 원작에 담긴 문학적 경향, 등장인물의 심리상태, 주제 등을 설명해 놓았습니다. 분석적이고 비판적인 글읽기의 바탕이 되는 요소들이죠. 비소설이나 소설을 막론하고 분석적이고 비판적인 글읽기는 독자에게 꼭 필요한 자질입니다.

그밖에도 원저를 좀더 깊이 복습해서 제대로 소화할 수 있도록 돕기 위해 'Study Questions'와 'Review Quiz' 등을 마련해 놓았습니다.

* 〈 〉는 철학서, 장편소설, 중편소설, 수필집, 시집. " "는 단편소설, 논문
* 작품명은 독자의 이해를 돕기 위해 예외적인 경우를 제외하고는 영어식으로 표기함.

간추린
명작
노트

제인 오스틴(Jane Austen)은 1775년 12월 16일, 아버지 조지 오스틴과 어머니 카산드라 오스틴 사이에서 8남매 중 일곱째로 태어났다. 당시 가족은 잉글랜드 중남부에 위치한 소도시 햄프셔의 스티븐튼에 살았고, 아버지는 교구 목사였다. 집안은 화목했으며, 지방 순회도서관에서 소설을 함께 읽고 가족 연극을 하곤 했다. 오스틴이 맨 처음 고도의 풍자 글을 쓴 것도 가족 동아리를 위해서였고, 여러 편은 몇 차례 고쳐 쓰면서 소설로 다듬어졌다.

오스틴은 유일한 자매 카산드라와 유독 친하게 지냈다. 두 사람은 1783년부터 1785년까지 사우샘프턴과 옥스포드에 소재한 학교와 리딩의 수녀원 학교에 함께 다녔으나 가정형편이 어려워지자 집으로 돌아와 폭넓게 책을 읽으면서 가족들로부터 프랑스어와 이탈리아어, 피아노를 배웠다. 스무 살 되던 해, 아일랜드 청년 톰 르프로이와 교제하면서 혼담이 오갔으나 가난한 목사의 딸이란 이유로 남자 집안의 반대에 부닥쳐 헤어졌고, 27세 때는 해리스 빅위더의 청혼을 받고 수락했지만, 부와 안정의 유혹을 뿌리치고 사랑하지 않는다는 이유로 다음날에 결정을 번복한 이후 독신으로 이렇다 할 사건이 없는 삶을 살았다.

1796-98년 사이, 오스틴은 〈노생거 사원 *Northanger Abby*〉, 〈이성과 감성 *Sense and Sensibility*〉, 〈오만과 편견 *Pride and Prejudice*〉을 집필했으며, 당대에 인기가 높았던 고딕 소설*을 풍자한 〈노생거 사원〉은 작가의 사후인 1818년에 출판되었다. 오스틴은 초기 작품들에서 자신이 만들어낸 소설의 영역을 명확히 제한하고 있다. 처음부터 등장인물들을 몇몇 집안과 인척들 간에 서로 아는 사람들과 친구들 정도로 한정지어 강조하면서 작품에 집중도와 아름다움의 강도를 높이고 있는 것. 그리고 작품에서 주로 다뤄지는 중상류층은 다른 계층과는 동떨어져 있고, 사회의식과도 거리가 있다. 실제로 19세기 초 영국 교외에서 생활하는 중류층 사회가 그랬는데, 그 중심에는 가족단위의 생활이 있었기 때문에 사회적·경제적 지위와 안정을 보장하는 결혼이 최대 관심사인 세계가 교묘하게 형성되었다.

1800년, 아버지가 은퇴하면서 가족이 해변 휴양지 바스로 이사한 이후부터 아버지가 세상을 떠날 때까지 9년 동안 작품을 쓰지 않았던 오스틴은 어머니, 언니와 함께 초튼으로 거처를 옮기면서 다시 펜을 잡아 〈맨스필드 파크 *Mansfield Park*〉(1814), 〈에마 *Emma*〉(1816), 〈설득

---

* **고딕 소설**(Gothic novel): 18세기 후반부터 19세기 초반에 걸쳐 영국에서 유행한 소설. 유령·살인 따위의 기괴한 사건을 주로 다루면서 신비감과 공포감을 표현한다. 메리 셸리의 〈프랑켄슈타인〉(1818) 등.

Persuasion〉(1818)을 썼다.

오스틴의 처녀 출판작 〈이성과 감성〉은 필시 1795년 집필한 서간체 소설 〈엘리너와 메리앤 *Elinor and Marianne*〉의 개작물이다. 초기 원고를 1797년-98년에 서술체 소설로 고쳐 쓰고, 다시 1809-10년에 손을 보아 1811년 밀리터리 라이브러리 사에서 자비로 출판했던 것. 당시 오스틴 집안의 연간 수입(460파운드)의 3분의 1이 넘는 돈이 들었기 때문에 위험 부담은 컸으나 다행히 출간 이후에 호의적인 평론 두 편이 발표되었고, 140파운드의 이익도 남겼다.

모두 750부가 출간된 초판은 1813년 7월에 매진되고, 그해 10월부터는 2판이 팔리기 시작했다. 초판의 속표지에는 작가의 실명 대신 "어떤 숙녀 지음(by a lady)", 2판은 "〈오만과 편견〉의 작가 지음(by the author of *Pride and Prejudice*)"이라고 표기했다.(1813년 1월 출간된 〈오만과 편견〉도 작가의 실명은 밝히지 않음) 오직 가족들만 오스틴이 이 작품들의 작가라는 사실을 알고 있었다. 비록 익명 출판은 작가로서의 명성을 얻는 일에는 걸림돌이 되었지만, 여자의 사회진출이 여성성의 상실로 비난받던 시대에 세상의 이목을 피할 수 있는 방편이 되어주었다. 실제로 초튼에서 살 때는 사람이 다가오면 삐거덕 소리가 나는 방에서 작품을 썼고, 인기척이 나면 재빨리 원고를 감추곤 했다. 게다가 어쩌면 당시의 억압적인 분위기 때문에 실명을 감췄을

수도 있다. 〈이성과 감성〉을 쓰던 초기에는 나폴레옹 전쟁*
이 진행되면서 정부의 검열이 성행했던 것. 이유야 어쨌든,
오스틴의 익명성은 갑작스럽게 병(에디슨 병**으로 추정)에
걸려 소설 〈샌디션 Sandition〉을 중단하고 42세를 일기로
세상을 떠난 1817년까지 유지되었다.

당시에 낭만주의 사조가 주류를 이뤘던 만큼 평론가들
은 감정보다 지성을 우위에 두었던 오스틴을 그다지 높게
평가하지 않았으나 〈맨스필드 파크〉의 도덕적 계몽성, 〈오
만과 편견〉의 역설과 해학, 〈에마〉의 소설적 기법에는 찬사
를 보냈다. 반면, 이 같은 특색을 보이지 않았던 〈이성과 감
성〉은 상대적으로 간과되었지만, "〈오만과 편견〉의 작가"
는 이 작품의 판매 호조에 힘입어 존경받는 작가로 우뚝 서
는 발판을 마련했다.

비로소 20세기 들어서야 평론가와 학자들은 〈이성과
감성〉 속에 나타나는 불같은 열정, 윤리관, 사회에 대한 통
찰 등의 진가를 인정하기 시작했는데, 1995년에는 영화로
도 제작되면서 익명의 '어떤 숙녀'가 집필한 소설은 시대를
초월하는 명작이 되었다.

---

* **나폴레옹 전쟁**(Napoleonic War. 1797-1815): 프랑스 혁명(1789-94) 이후, 쿠데타로
  집권한 나폴레옹(1769-1821. 재위: 1804-15)이 국민투표를 통해 황제가 되면서 전 유
  럽을 상대로 펼친 전쟁.
** **에디슨 병**(Addison's disease): 부신피질호르몬의 분비 부족으로 생기는 병. 만성피로
  증후군과 무기력증이 일어난다.

　제1권. 헨리 대시우드가 세상을 떠나면서 가문의 재산이 모두 전처 소생의 아들 존 대시우드에게 넘어가자, 둘째 부인과 그 사이에서 낳은 세 딸 엘리너, 메리앤, 마거릿은 졸지에 집도 없고 수입도 변변찮은 신세가 된다. 때마침 대시우드 부인과 세 딸은 바튼 파크에 사는 먼 친척 존 미들튼 경으로부터 적은 집세를 내고 바튼 코티지로 이사 와서 살라는 권유를 받는다. 이복 오빠 존 대시우드의 처남 에드워드 패라스에게 호감을 품게 된 맏딸 엘리너는 놀랜드를 떠나 바튼으로 이사 가는 것이 못내 아쉽다. 엘리너와 메리앤은 새 사람들을 알고 사귀게 된다. 그 가운데 독신 퇴역 장교 브랜든 대령과, 비오는 날 언덕에서 뛰어 내려오다 발목을 삔 메리앤을 집까지 데려다준 잘 생기고 활기찬 성격의 존 윌러비를 빼놓을 수 없다. 윌러비는 남의 눈치 같은 것은 전혀 보지 않으면서 메리앤의 마음을 사로잡으려고 애쓴다. 서로에게 애정을 느끼는 메리앤과 윌러비는 그런 기색을 거리낌 없이 드러내 보인다. 그러다가 윌러비가 런던에 갑자기 볼 일이 생겼다며 떠나자 메리앤은 그를 그리워한다. 한편, 레이디 미들튼의 친정어머니 제닝스 부인의 친척 앤 스틸과 루시 스틸이 존 미들튼 경의 집에 손님으로 와서 묵는다. 엘리너의 환심을 사려고 애쓰는 루시는 엘리너에게 패라스와 4년 전에 남몰래 약혼했다는 비밀을 털어놓는다. 그 말을 들은 엘리너는 루시가 에드워드 패라스의 동생 로버트 패라스를 지칭하는 것이라고 생각했으나 다름 아닌 에드워드라는 사실을 알고 충격에 휩싸인다.

제2권. 엘리너와 메리앤은 제닝스 부인의 초대를 받고 함께 런던으로 간다. 엘리너를 찾아온 브랜든 대령은 런던 사람들 사이에 윌러비와 메리앤이 약혼했다는 소문이 돈다고 말하지만, 메리앤에게서는 그런 이야기를 들은 적이 없었다. 메리앤은 윌러비를 다시 만나보고 싶어 애를 태우다가 우연히 어느 무도회에서 보게 되지만, 처음에는 모르는 척하다가 마지못해 다가와 인사를 건네고 돌아간다. 그 다음날 윌러비는 메리앤에게 그녀를 사랑한 적이 없다는 투의 편지를 보낸다. 브랜든 대령은 엘리너에게 윌러비가 과거에 어떤 아가씨를 농락하고 무참히 버렸다는 이야기를 들려준다. 제닝스 부인은 윌러비가 방탕하고 낭비가 심해 재산을 탕진했기 때문에 부자 그레이 양과 약혼했다는 사실을 알려준다.

제3권. 루시의 언니 앤 스틸이 루시와 에드워드 패라스의 비밀약혼을 무심코 발설한다. 몹시 화가 난 에드워드의 어머니는 에드워드 대신 둘째 아들 로버트에게 재산을 상속하겠다고 발표한다. 엘리너와 메리앤은 클리블랜드의 파머 씨 집에 가서 얼마동안 머무른 뒤 바튼의 집으로 돌아갈 계획을 세우고 클리블랜드로 간다. 메리앤은 그곳에서 물 웅덩이에 발이 빠지는 것도 개의치 않고 산책을 하는 바람에 급성 독감에 걸려 몹시 앓는다. 윌러비는 메리앤이 위독하다는 소문을 듣고 찾아와 엘리너에게 지난 일을 설명하고 용서를 빈다. 엘리너는 윌러비를 가엽게 여기고, 나중에 메리앤에게 그 이야기를 들려준다. 메리앤은 자신이 윌러비를 대할 때 너무 경솔하게 처신했다는 것을 시인하며 그들이 결혼했더라도 결코 행복하지 못했을 것이라고 말한다. 부랴부랴 클리블랜드에 도착한 대시우드 부인과 브랜든 대령은 메리앤이 회복한 사실을 알고 안도의 한숨을 내쉰다.

바튼으로 돌아온 대시우드 모녀들은 하인으로부터 루시와 '패라스 씨'가 결혼했다는 이야기를 전해 듣는다. 당연히 에드워드 패라스라고 생각하는 대시우드 모녀들은 낙담하지만, 얼마 뒤 에드워드가 찾아와 돈 욕심이 많은 루시가 결국 결혼한 것은 자기가 아니라 동생 로버트라고 밝힌다. 자유의 몸이 된 에드워드는 엘리너와 결혼하고, 얼마 지나지 않아 메리앤과 브랜든 대령도 결혼한다. 델러포드에 정착한 엘리너와 메리앤은 바튼에 남은 어머니와 막내 동생 마거릿과도 자주 왕래하며 행복하게 살아간다.

(* 나이는 소설의 시작 기점)

● **엘리너 대시우드** Elinor Dashwood | 대시우드 부부의 맏딸이자, 이 소설의 주인공(19세). 에드워드 패라스의 사랑을 믿으면서 결실을 맺을 때까지 기다리며, 동생 메리앤을 배려하고 위로하는 과정 등에서 사려 깊고, 강하고, 침착하고, 따스한 성격이 여실히 드러난다.

● **메리앤 대시우드** Marianne Dashwood | 대시우드 부부의 둘째딸(17세). 직설적이고, 충동적이며, 지나치게 감성적이다. 낭만적 이상주의에 젖어 바람둥이 기질을 지닌 존 윌러비를 사랑하게 되지만, 배신당한 후 사람을 잘못 보았다는 사실을 인정한다. 마음과 생각이 바뀌면서 늘 옆에서 지켜보며 사랑의 눈길을 보내던 브랜든 대령과 결혼한다.

● **대시우드 부인** Mrs. Dashwood | 헨리 대시우드의 두 번째 아내이자, 엘리너, 메리앤, 마거릿 세 자매의 어머니(40세). 친절하고 사랑이 넘친다. 남편이 죽자 유산상속도 조금밖에 못 받지만 최선을 다해 딸들을 돌보려고 애쓴다. 낭만적 감수성이 넘치는 면은 둘째 딸 메리앤과 닮은꼴이다.

● **마거릿 대시우드** Margaret Dashwood | 대시우드 부부의 천방지축 막내딸(13세). 우스운 소리를 잘하며 언니 메리앤처럼 낭만적인 기질을 지녔다.

● **에드워드 패라스** Edward Farrars | 엘리너의 이복 오빠 존 대시우드의 아내 패니 대시우드의 동생이자, 로버트 패라스의 형(23세). 합리적이고, 과묵하고, 다정하다. 놀랜드에 머무는 동안 엘리너와 가까워지고, 4년간 비밀약혼 관계를 유지해 오던 루시 스틸로부터 풀려나자 엘리너와 결혼한다.

● **브랜든 대령** Colonel Brandon | 존 미들튼 경의 친구인 독신 퇴역 장교(35세). 소설 내내 대시우드 모녀들을 친절하고, 너그럽고, 정중하게 대하며, 메리앤 대시우드를 사랑한다. 잘 생기지는 않았으나 지적이고 사려 깊다.

● **존 대시우드** John Dashwood | 놀랜드의 상속자. 줏대 없고, 약간 냉정하고, 이기적이다. 아내 패니의 말만 좇아 계모와 누이동생들의 생활비도 안 대주고, 어떻게 사는지에 대해서도 거의 무심하다.

● **패니 대시우드** Fanny Dashwood | 존 대시우드의 아내

이자, 에드워드 패라스와 로버트 패라스의 누나. 이기적이고, 거만하고, 간교하다.

● **헨리 대시우드** Henry Dashwood | 엘리너, 메리앤, 마거 릿 자매의 아버지이자, 전처 소생인 아들 존 대시우드의 아 버지. 낙천적이고 명랑하다. 소설 첫머리에서 일찍이 세상 을 떠나고, 놀랜드가 아들 존에게 상속되면서 대시우드 부 인과 세 딸은 졸지에 무일푼 신세가 된다.

● **패라스 부인** Mrs. Farrars | 패니 대시우드, 에드워드 패 라스, 로버트 패라스의 어머니. 부자지만, 오만하고 비열하 다. 맏아들 에드워드가 부잣집 딸과 결혼하라는 말을 듣지 않자, 재산을 작은 아들 로버트에게 물려준다.

● **로버트 패라스** Robert Farrars | 에드워드와 패니의 동생. 자만심이 가득하고 겉멋을 부린다. 형을 제치고 어머니로 부터 재산을 상속받고, 형의 약혼녀 루시 스틸과 결혼한다.

● **제닝스 부인** Mrs. Jennings | 레이디 미들튼의 친정어머 니. 다소 세속적이지만, 명랑하고, 수다스럽고, 마음씨가 따 뜻하다. 엘리너와 메리앤을 런던으로 초대하고 집에 머물 게 하며, 어떻게든 빨리 시집보내려고 나름대로 애를 쓴다.

미혼남녀를 엮어주는 일을 즐긴다.

● **레이디 미들튼** Lady Middleton | 존 미들튼 경의 부인(20
대 후반). 냉정하고 과묵하다. 네 자녀를 제멋대로 행동하
도록 방치하고, 떼쓰는 아이를 달래는 것이 유일한 낙이다.
lady는 귀족이거나 작위를 가진 남자의 부인을 지칭.

● **존 미들튼 경** Sir John Middleton | 대시우드 부인의 먼
친척(40세 가량). 밝은 성품이지만 저속한 면이 있다. 존 대
시우드가 놀랜드를 상속받으면서 대시우드 모녀들이 오갈
데 없는 처지가 되자, 적은 임대료를 내고 바튼에 와서 살
도록 권유한다.

● **토머스 파머** Thomas Palmer | 샬럿 파머의 남편(20대
중후반). 흠 잡을 데 없는 신사지만, 무뚝뚝하고 무례한 면
이 있다.

● **샬럿 파머 부인** Mrs. Charlotte Palmer | 제닝스 부인의
딸이자, 레이디 미들튼보다 서너 살 아래 동생. 성격이 화끈
하며, 말이 많고 호들갑스럽다. 엘리너와 메리앤이 런던에
서 바튼으로 돌아가는 길에 클리블랜드의 자기 집에 들러
머물다 가라고 초대한다.

● **앤 스틸** Anne Steele ｜ 제닝스 부인의 친척이며, 루시 스틸의 언니(20대 말). 미혼. 외모는 평범하고 분별력이 부족하다. 동생과 에드워드 패라스의 비밀약혼 사실을 실수로 발설한다.

● **루시 스틸** Lucy Steele ｜ 앤 스틸의 동생(20대 초중반). 예쁘고, 영리하고, 재미있지만, 무지하고, 교양 없고, 경솔하고, 불성실하다. 4년간 에드워드와 비밀약혼 관계를 유지했으나 그 사실이 밝혀지고 에드워드가 재산을 상속받지 못하게 되자, 에드워드의 동생 로버트와 결혼한다.

● **존 윌러비** John Willoughby ｜ 잘생기고 매력 있으나 진실성이 부족하고 낭비벽이 있는 젊은이(25세). 메리앤에게 사랑의 열병을 앓게 하고, 돈 때문에 소피아 그레이와 결혼한다.

● **소피아 그레이 양** Miss Sophia Grey ｜ 큰 재산을 상속받은 부자 처녀. 윌러비가 메리앤을 버리고 결혼하는 상대.

　이 소설을 비평적 시각에서 분석할 경우, 흔히 '이성'과 '감성'의 대비라는 틀을 적용한다. 두 주인공 엘리너와 메리앤의 성격은 너무나 분명할 정도로 대조적이다. 성격적으로 보면, 언니 엘리너는 합리성, 자제심, 책임감, 배려심 등의 이성적 품성을 지닌 반면, 동생 메리앤은 풍부한 감정, 충동성, 자발성, 열정적 헌신 등의 감성적 품성을 지니고 있다. 엘리너는 에드워드에게 끌리는 자신의 마음을 겉으로 드러내지 않지만, 메리앤은 존 윌러비를 향한 마음을 부끄럼 없이 겉으로 나타낸다. 자매가 각자 사랑하는 남자들을 대하는 방식, 즉 사랑을 표현하는 방식의 차이는 기질의 차이를 그대로 반영한다.

　이 소설에서 보이는 '이성'과 '감성'의 대비에는 문화적·역사적 맥락이 함께 녹아 있다. 오스틴이 이 작품을 쓴 18세기 말은 고전주의와 낭만주의가 첨예하게 대립하던 시기였다. 엘리너의 성격에서는 합리성, 통찰력, 판단력, 중용, 조화, 균형 등을 중시한 18세기의 신고전주의 성향이 배어 나온다. 메리앤이 말을 갖겠다고 하자, 살림을 맡고 있는 어머니의 경제적 부담이 더 커진다고 설득할 때나 앨런험에 있는 윌러비의 집에 단둘이 간 것은 천박한 처신이라고 일

깨워주는 엘리너의 모습에는 언제나 예절, 경제적 실용성, 균형 등을 중시하는 가치관이 스며 있다. 이 소설은 고전주의 사조에 이어 문화적 계몽운동이 일어나던 시기에 씌어졌다. 오스틴은 엘리너의 성격을 통해 이전 세대들이 오스틴 세대에 전해 준 가치들에 경의를 표하고 있다. 반면, 메리앤의 성격에서는 낭만, 상상, 이상주의, 극단, 자연의 아름다움에 대한 심취 등을 중시하는 '감성 숭상'의 새로운 사조가 배어나온다. 오랫동안 정들어 살던 놀랜드를 떠나게 되었을 때, 메리앤은 마지막 저녁에 집 근처를 산책하며 연극배우가 독백하듯 "사랑하고, 사랑하는 놀랜드…"라고 아쉬운 심정을 토로하는가 하면, 윌러비에게 사랑의 정표로 머리채를 잘라준다. 메리앤의 성격을 보면 오스틴이 윌리엄 워즈워스*, 새뮤얼 콜리지**, 월터 스콧*** 등 영국 낭만주의 문학의 거성들과 동시대 인물이란 사실을 자연스레 떠올릴 수 있다. 따라서 엘리너와 메리앤에 대한 묘사는 당시의 변화하던 문학 사조를 반영하고 있다.

---

* **윌리엄 워즈워스**(William Wordsworth. 1770-1850): 영국 낭만파 계관시인. 기교적 시어를 배척하고, 평범한 사람들이 사용하는 소박하고 친근한 언어를 통해 그들의 생활 속에 담긴 순수한 미와 아름다운 자연을 예찬했다. 주요 작품은 〈서곡〉 등.

** **새뮤얼 콜리지**(Samuel Taylor Coleridge. 1772-1834): 영국 낭만파 시인, 비평가, 철학자. 상상력을 정신의 최대 원동력으로 간주했으며, 주로 초자연적이고 몽환적인 것을 노래했다. 주요 작품은 서사시 〈늙은 선원의 노래〉 등.

*** **월터 스콧**(Walter Scott. 1771-1832): 영국 소설가, 시인. 웨이벌리 소설 시리즈를 통해 역사소설의 장르를 개척하면서 스코틀랜드의 역사를 널리 알렸다. 주요 작품은 〈최후의 음유시인의 노래〉 등.

　그렇다고 이 소설을 단지 상이한 두 가지 가치관이나 사조의 대립으로만 이해해서는 곤란하다. 엘리너가 이성적이긴 해도 결코 열정이 부족하지 않고, 메리앤이 감성적이긴 해도 언제나 어리석고 고집이 센 것은 아니다. 오스틴은 이성과 감성의 대비를 통해 어떤 풍자적 결론을 내리려고 하기보다는 대화의 시발점을 찾으려고 했다. 이 작품은 '감성의 숭상'을 풍자한 것으로 유명하기는 해도 감성의 배척보다는 이성과 열정의 균형을 모색하라고 주장한 것 같다. 패니 대시우드가 평소의 초연한 척하던 자세를 지키지 못하고 히스테리 발작을 일으키는 장면에서는 감정이 지나치게 메마른 것은 감정이 극도로 넘치는 것만큼이나 위험하다고 말하는 것 같다. 엘리너와 메리앤이 모두 행복하게 살게 되는 결말은 자존심을 지키고 자제력을 발휘하면서도 정서적 감정을 온전히 느끼고 표현할 줄 알게 되는 교훈을 얻었기 때문에 가능한 일이었다. 이 소설이 성공한 이유는 이성이 감성을 이기거나 이성과 감성이 분열하는 식으로 결말을 짓지 않고, 이성과 감성의 공존과 균형을 모색한 덕분이다.

Chapter별 정리 노트

제1권

Chapters 1-5

수세대 동안 서섹스에서 살았던 대시우드 가문은 광대한 땅을 소유하고 있었다. 그 땅의 한가운데인 놀랜드 파크의 저택에는 대시우드 노인과 누이동생이 살고 있었는데, 집안일을 돌보고 말동무도 되어주던 누이동생이 세상을 떠나자 노인은 적적함을 달래기 위해 법정상속인이자 재산을 물려주기로 작정한 조카 헨리 대시우드의 가족을 영지로 불러들여 함께 오순도순 즐겁게 살았다. 헨리 대시우드는 초혼에서 아들 하나, 현재의 아내에게서 딸 셋을 얻었다. 대시우드 노인은 결혼과 함께 분가한 존의 아들 해리가 네 살 때 세상을 떠났다. 늘그막에 가끔 만나는 해리의 재롱을 큰 낙으로 삼고 살았던 노인은 영지의 실질적 소유권을 조카 손자 존과 증손자 해리 앞으로 남겼고, 세 손녀들에게는 각각 1,000파운드씩 주었다. 아내와 딸들에게 물려줄 것이라곤 고작 만 파운드뿐이던 헨리 대시우드는 1년 뒤 세상을 떠나기 전에 아들 존을 불러 계모와 이복 누이동생들을 잘 보살펴주라고 간곡히 부탁했다. 심약한 존은 계모와 이복 누이동생들에게 별다른 애정이 없었으나 아버지의 부탁대로 힘껏 돕고 돈도 각각 1,000파운드씩 주어야겠다고 마음먹었다.

다른 곳에서 살던 존 대시우드 가족은 헨리 대시우드가 세상을 떠나자마자 거처를 놀랜드 파크로 옮겼고, 패니가 본격적으로 안주인 노릇을 하면서 대시우드 부인과 엘리너, 메리앤, 마거릿은 하루아침에 더부살이 신세로 전락했다. 대시우드 부인은 며느리의 무례한 행동이 경멸스러워 곧바로 저택을 떠나고 싶었으나 지혜롭고 냉철한 맏딸 엘리너의 간청과 이복 남매들 사이의 화합을 위해 좀더 눌러 있기로 결심했다. 존 대시우드 부인은 남편을 꼬드겨 계모와 누이동생들에게 해주려고 마음먹은 일을 포기하게 만든다. 아들 해리의 재산에서 3,000파운드를 떼어내 '피가 반밖에 섞이지 않은 아가씨들'에게 주면 아들은 가난뱅이가 될 것이고, '어머니께 연금을 드리겠다'는 생각도 연금을 받는 사람은 명줄이 질기고 해마다 꼬박꼬박 지불 시기가 다가오면 보통 성가신 일이 아니라며 만류하는 것. 존 대시우드는 '당신 말대로' 작은 집을 알아보고, 이사할 때 짐을 옮겨주거나 철따라 들어오는 선물을 보내주는 정도의 도움과 친절로 아버지와의 약속을 '철저히' 지키겠다고 결론짓는다.

대시우드 부인이 놀랜드 근처에서 적당한 집을 알아보는 사이 6개월이 흘렀다. 그동안 놀랜드 파크를 찾아와 머물던 패니의 남동생 에드워드 패러스와 엘리너 사이에 애정이 싹트기 시작했다. 아버지가 막대한 유산을 남겼기 때문에 이제 에드워드의 장래는 어머니의 유언에 달려 있다. 에드워드는 내성적이고 외모는 평범하지만 마음이 넓고 다정다감했다. 어머니와 누나 패니는 에드워드가 정치에 관심을 갖거나 유력한 인물들과 인맥을 쌓았으면 하고 바라지만, 정작 그는 야심도 없고 조용히 살고픈 마음뿐이었다. 어느 날, 대시우드 모녀들이 에드워드에 대해 이야기를 나눈다. 에드워드가 패니와 다르다는 것만으로도 충분하고 사랑스럽다면서, 수개월 이내에 '엘리너가 결혼할 것 같다'는 대시우드 부인의 말에 메리앤은 그가 매력과 품위는 없고, 예술적 취향도 빈약하지만, '저와' 감정이 다른 언니는 행복할 것이라면서, '제 이상형은' 그의 모든 장점에다 외모와 됨됨이도 더욱 돋보여야 한다고 주장한다.

메리앤이 '에드워드 씨가' 그림에는 전혀 취미가 없다고 걱정하자, 엘리너는 그동안 이따금 많은 대화를 나누며 살펴보니 아주 박식하고 독서를 즐기며 정확한 관찰력과 예술적 안목을 갖춘 사람이라서 '좋아하고 존경한다'고 대꾸한다. 메리앤은 떳떳하게 '사랑'이란 표현을 써야 한다고 발끈하지만, 엘리너는 '그이의 생각을 확실히 알게 될 때까지는 내 감정을 부풀리고 싶지 않다'고 조심스런 태도를 보인다. 메리앤은 자기와 어머니의 상상력이 너무 앞서가고 있다는 사실에 놀랐다. 엘리너는 그가 호감을 갖고 있다고 믿으면서도 '우정 이상은 아니란 생각이 들 때는' 마음이 아플 지경이었다. 어쨌거나 그 호감의 실체가 무엇이든 두 사람의 관계를 알아차린 패니가 동생의 엄청난 유산, 두 아들의 결혼에 대한 패라스 부인의 계획 등을 운운하며 불편한 심기를 드러냈다. 화가 치민 대시우드 부인은 경멸이 가득 담긴 말을 남긴 채 방을 나오면서 아무리 불편하고 돈이 많이 들더라도 딸을 위해 하루 빨리 이사해야겠다고 결심했는데, 때마침 데번셔에 살고 있는 부유한 친척 존 미들튼 경의 편지가 배달된다. 자기 영지 안에 있는 바튼 코티지를 싸게 임대하고 필요한 것을 모두 갖춰놓을 테니 이사 오라는 내용이었다. 대시우드 부인은 그 제안을 흔쾌히 받아들였고, 엘리너도 반대하지 않았다.

대시우드 부인은 답장을 보내자마자 득의양양한 모습으로 존 부부에게 이사 소식을 전하고, 각별히 에드워드를 바튼 코티지에 초대하며 엘리너와 '동생'이 어울리지 않는다던 패니의 심사를 뒤집어놓았다. 수주일 동안 일부 가재도구를 처분하고 하인을 셋으로 줄인 대시우드 모녀들이 바튼 코티지로 떠나는 날, 메리앤은 정든 놀랜드 파크와의 작별을 아쉬워하며 눈물을 흘렸다.

〈이성과 감성〉의 첫 부분은 대시우드 집안의 재산 상태를 알려주는 유산과 상속자에 대해 밝히고 있다. 19세기 중반까지는 장자 상속법에 따라 부동산 형태의 재산은 소유주의 가장 가까운 남자 혈족에게 상속되었다. 아들이 없는 대시우드 노인은 일단 조카 헨리 대시우드에게 유산을 상속하면서 단서를 붙였기 때문에 헨리가 세상을 떠나자 실질적 권리자인 아들 존과 손자 해리가 물려받는다. 그러나 이 유산은 존보다는 헨리의 딸들에게 더 절실한 것이었다. 존은 성년이 되었을 때 생모의 유산 가운데 절반을 물려받았고, 지참금 성격의 아내 재산까지 합치면 큰 부자였기 때문이다. 통상, 결혼과 동시에 아내의 재산은 남편에게 넘어가지만, 그 남편이 사망하면 그녀 자신이나 자녀들에게 다시 귀속되도록 법적으로 보장되어 있었다. 존의 경우에는 생모가 가져온 재산이 양도된 것이고, 따라서 계모 대시우드 부인과 이복 누이동생들을 돕는 일에는 사용될 수 없기 때문에 대시우드 모녀들에게 노인의 영지에서 나오는 돈이 훨씬 더 긴요한 처지였던 것.

오스틴은 시작부분에서 벌써 돈과 결혼을 연관시킬 만

큼 일상적인 경제 문제를 중요하게 다루고 있다. 당시 유행했던 고딕 소설이나 감상적 소설의 작가들과 달리, 상황을 낭만적으로 묘사하기를 거부하고, 물질적 현실이 사랑과 결혼을 구속한다는 사실을 인정하는 것. 그럼에도 불구하고 다른 한편으로는 감상적 견해가 작품에 스며들게 만들어 이치에 닿는 경제 문제와 지나치게 낭만적인 꿈 사이의 긴장감을 하나의 중요한 주제로 삼고 있다.

사실, 이 같은 긴장감은 소설의 제목에서 언급한 언니 엘리너의 '이성'과 동생 메리앤의 '감성'에서 이미 확연히 드러났다. '이해심이 뛰어나고,' '냉철한 판단력을 지녔으며,' '다정다감한' 엘리너는 에드워드 패라스에 대한 감정을 밝힐 때 평소의 신중한 태도대로 그를 '좋아하고 존경한다'고 말한다. 반면, 너그럽고 상냥하지만 신중하지 못하고 감정을 절제할 줄 모르는 메리앤은 '품위가 있고,' '잘 생기고,' '성격이 활달하고,' '눈빛에 지성과 덕성이 담긴' 남자를 이상형으로 생각한다면서, '사랑'을 에둘러 표현하는 언니에게 실소를 금치 못한다. 막내 마거릿도 메리앤처럼 성격은 좋지만 낭만적 성향을 지녔기 때문에 결국 모녀들 가운데 엘리너만 유일하게 현명하고 합리적이다.

대시우드 부인과 어머니를 빼닮은 메리앤의 '감성'은 대시우드 노인과 헨리 대시우드가 세상을 떠났을 때 조용히 흐느끼던 엘리너와 달리 대성통곡하던 모습과 이사를 결정하고 떠나는 모습에서도 여실히 나타난다. 이사 전날, 메리앤은 집 주위를 거닐며 마치 연극배우처럼 서글픈 심정을 토해낸다.

"사랑하고, 사랑하는 놀랜드… 아! 행복한 집이여… 그리고 너희, 너희들 정든 나무들아!"

그러나 엘리너는 정든 집뿐만 아니라 깊이 마음에 두고 존경하는 남자까지 남겨둔 채 떠나야 하는 안타까움 속에서도 침울한 기분을 속으로 삭인다.

반어적 문체를 잘 구사한 것으로 유명한 오스틴은 앞 장들에서 마음에 들지 않는 사람들을 은근하면서도 섬세한 표현 속에 담아 가차 없이 깎아내리기 때문에 독자들이 실제로 받는 인상은 한결 강렬하다. 예를 들면, 1장에서 존 대시우드의 성품을 묘사한 부분은 교묘하게 반박하는 이중 부정을 통해 강렬한 신랄함을 느끼게 하고, 이어 부부를 한 부류로 엮으면서, 혐오스런 느낌을 희석시켜 풍자하고 있다.

"만약 약간 냉정하고 이기적인 것을 심성이 고약하다고 말하지 않는다면, 존 대시우드는 결코 심성이 고약한 젊은이는 아니었다.… 존 대시우드 부인은 그의 분신 같았는데, 더 속이 좁고 이기적이었다."

Chapters 6-10

9월 초, 대시우드 부인, 엘리너, 메리앤, 마거릿은 바튼 코티지로 이사했다. 다음날 아침, 대시우드 부인의 사촌이자 바튼 코티지의 소유주 존 미들튼 경이 찾아와 반갑게 맞아주고, 그들이 편하게 지낼 수 있도록 배려를 아끼지 않았다. 존 경은 공손하고 솔직하고 너그러웠지만, 그 다음날 인사차 찾아온 아내 레이디 미들튼은 미인형에 우아했으나 냉정하고 말수가 적었다.

아이가 넷인 미들튼 부부는 바튼 코티지에서 800여 미터쯤 떨어진 바튼 파크에 살았다. 특별한 취미와 재능이 없는 그들 부부의 가장 큰 즐거움은 자기 집에서 여는 파티였다. 미들튼 부부는 대시우드 모녀들을 저녁식사에 초대했는데, 방금 바튼에 도착한 레이디 미들튼의 친정어머니 제닝스 부인과 존 경의 친구 브랜든 대령도 참석했다. 성격 좋은 제닝스 부인은 수다스럽고 약간 세속적이었으며, 지적이고 신사적인 브랜든 대령은 과묵하고 근엄했다. 식사 후, 메

리앤이 피아노 연주와 노래로 분위기를 돋우자 모두들 박
수를 치며 호들갑을 떨었지만, 대령만은 진지하게 귀를 기
울였다.

　두 딸을 모두 좋은 곳으로 출가시키고 달리 할일도 없
는 제닝스 부인은 처녀총각들의 눈치를 살피고 엮어주는
일에 열성적이었다. 대시우드 가족의 답례 초대로 다시 자
리를 함께한 이후, 제닝스 부인은 브랜든 대령이 메리앤에
게 반했다고 장담하며 대령과 메리앤을 놀려먹었고, 대시
우드 부인은 대령의 나이를 들먹이지 말라고 부탁했다. 당
황한 메리앤은 대령이 아버지뻘인데다 사랑의 감정도 오
래 전에 잃었을 것이라면서 그런 결합은 결혼이 아니라 '일
종의 사업상 거래'라고 말하자, 엘리너는 그가 사소한 어깨
통증을 호소했다고 해서 결혼 못할 사람으로 만들지는 말
라며 방에서 나갔다. 화제를 돌린 메리앤은 어머니에게 에
드워드가 왜 거의 2주가 되었는데도 찾아오지 않는지 이상
하다면서, 두 사람이 작별인사를 나눌 때 아주 담담하고 깍
듯했다고 덧붙인다.

　어느 날 아침, 메리앤과 마거릿은 집 근처 언덕으로 산
책을 나갔는데, 20분 남짓 지나자 비가 퍼붓기 시작했다.
자매는 피를 피하기 위해 가파른 언덕을 뛰어 내려갔다. 그
런데 앞서 가던 메리앤이 넘어져 발목을 삐었고, 때마침 사
냥을 가던 신사가 달려와 메리앤을 안아 집까지 데려다주

었다. 대사우드 부인은 갑작스러운 상황에 깜짝 놀라면서도 사내의 수려한 외모에서 눈을 뗄 수 없었다. 그는 이름은 윌러비이고 바튼 코티지에서 2.5킬로미터쯤 떨어진 앨런험에 머물고 있다면서, 다음날 문병을 허락받고 돌아갔다. 그날 바튼 코티지에 들렀던 존 경은 윌러비에 대해 자꾸 캐묻는 대시우드 모녀들의 성화에 못 이겨 알고 있는 내용을 털어놓았다. 상냥하고 좋은 사람이며, 훌륭한 사냥꾼이고, 지금 앨런험에서 살고 있는 친척 노부인의 재산을 상속받게 된다는 것, 등이다. 메리앤이 눈을 반짝이며 한껏 호감을 보이자, 존 경은 '당신에게 홀딱 반한' '불쌍한 브랜든'이야말로 사귈 만한 가치가 충분한 사람이라고 대꾸했다.

다음날 아침 일찍, 바튼 코티지를 방문한 윌러비와 이런저런 이야기를 나누면서 메리앤은 음악과 춤을 즐긴다는 공통점이 있고, 좋아하는 작가들도 같다는 사실을 알게 되었다. 윌러비가 돌아간 후, 엘리너는 첫 만남에서 중요한 화제들을 모두 써버리면 다음번에는 대화거리가 거의 없을 것이라고 놀린다. 그날 이후부터 윌러비는 매일 바튼 코티지를 방문했다. 메리앤은 함께 책을 읽고 노래를 부르며 그의 매력에 흠뻑 빠져들었고, 성급한 대시우드 부인은 은근히 그들이 결혼하기를 바랐다. 엘리너는 그가 조심성이 부족하고 너무 말이 많다는 점을 꺼림칙하게 생각하는 한편, 동생에 대한 브랜든 대령의 승산 없는 애정이 하루 빨리 사라지기를 진심으로 빌었다. 윌러비가 대령은 모든 사람에게 칭찬받는 훌륭한 사람이지만 관심의 대상은 되지 못한다고 비아냥거리자, 메리앤이 취미나 재능도 없고 따분하다고 맞장구를 친다. 불쾌해진 엘리너가 학식, 교양, 분별력을 고루 갖춘 점잖고 따뜻한 사람이라고 반박했다.

6-10장에서는 오스틴의 풍자적인 목소리와 인간 본성에 대한 예리한 이해가 분명히 드러난다. 특히 인사차 바튼 코티지를 처음 방문한 레이디 미들튼이 대시우드 모녀들과 만나는 장면에서 미들튼 부부의 어린 아들에 대한 묘사(6장)는 매우 날카롭다.

대화는⋯ (부족하지 않았다.) 존 경은 아주 말이 많았고, 레이디 미들튼은 현명하게도 앞을 내다보고 여섯 살쯤 된 말쑥한 맏아들을 데려왔기 때문이었다. 아이 덕분에 숙녀들은 화제가 궁해지는 난처한 상황이 될 때마다 아이에게로 말꼬리를 돌려 이름과 나이를 묻고, 잘 생겼다고 칭찬하고, 이런저런 것들을 묻곤 했는데, 그럴 때면 대답은 레이디 미들튼 몫이었다. 모든 공식 방문 자리에는 대화거리를 비축하는 방편으로 아이가 꼭 끼어 있어야 한다. 지금 당장의 경우에도 아이가 아빠를 더 닮았는지 엄마를 더 닮았는지, 그리고 어디가 아빠를 닮고 어디가 엄마를 닮았는지 이야기하는 것으로 10분이 지나갔다. 왜냐하면, 당연히 저마다 보는 눈이 달랐고, 다른 사람들의 의견에 놀랐기 때문이었다.

여기서는 충분한 대화, 선견지명, 격식 따위의 고상한 관념들이 지닌 가식적 측면이 적나라하게 나타난다. 모든 공식 방문 자리에는 이야기를 끊기지 않게 만드는 효용성 때문에 아이가 꼭 끼어 있어야 했고, 그 쓸모대로 아이의 외모를 화제에 올리지만 정말 궁금한 사람은 하나도 없다면서, 그 질문에 매달려 이어지는 우스꽝스럽고 다소 생뚱맞은 대화를 조롱하고 있는 것이다.

존 경은 대시우드 모녀들의 이사를 환영하기 위해 다른 손님들도 초대하려 했으나 보름이라 선약들이 많았다고 설명한다.(가로등이 없던 당시에는 달 밝은 날에 돌아다니기가 편했기 때문에 사교모임을 대개 보름 무렵에 잡곤 했다.) 이처럼 때가 때인지라 다른 손님들은 참석하지 못하고, 장모와 친구 브랜든 대령만 합석했다는 것은 미들튼 가족이 그다지 재미도 없고 인기도 없다는 교묘한 암시다.

등장인물들의 성품에 대한 주인공 엘리너 대시우드의 견해는 거의 모두 작가의 것이라고 간주해도 좋다. 모르는 것이 없는 듯한 오스틴처럼, 브랜든 대령의 신중함과 과묵함이 얼마나 고결한 성품인지 제대로 알아보는 엘리너는 동생과 달리 외모 같은 것에 현혹되지 않는다. 처음에는 윌러비가 사려 깊고 다정다감한 신사라고 생각하지만, 머지 않아 성급하고 말을 되는 대로 해대는 버릇이 있다는 사실을 눈치 채는 것.

엘리너는 날이 갈수록 브랜든 대령은 건전한 이성을 지녔으나 윌러비는 지나치게 감성적이란 사실을 깨닫는다. 대령은 엘리너처럼 독서량도 많고 지혜롭지만, 윌러비는 메리앤처럼 지나치게 낭만적이며 고집이 세다. 윌러비가 닮은 꼴인 메리앤에게 끌리는 것은 이해되지만, 정반대의 성품을 지닌 대령이 메리앤에게 '홀딱 빠졌다'는 것은 역설적이다. 메리앤이 윌러비를 좋아하다가 불행한 결과를 맞게 되는 사실은 결국 지나친 감성이 얼마나 위험한지, 그리고 사람을 판단할 때는 외모 이외의 것도 반드시 고려해야 한다는 점을 일러준다.

Chapters 11-15

: 줄거리

대시우드 모녀들은 존 경이 마련하는 무도회뿐만 아니라 사교모임 초대가 빈번하고, 방문객도 끊이지 않자 자못 놀란다. 엘리너는 그 모임들에 빠짐없이 참석하는 윌러비에게 거의 노골적으로 애정을 표현하는 동생이 걱정스러워 한두 차례 자제하도록 충고했지만, 감정을 절제하려는 노력은 불필요할 뿐만 아니라 진부한 관념에 이성을 종속시키는 것이라며 받아들이지 않았다. 어느 날 무도회에서 브랜든 대령이 '동생 분은 두 번째 애정 같은 것'을 믿는지 묻자, 엘리너는 '그 애의' 낭만적인 감성은 첫눈에 반하는 사랑만을 이상적인 것으로 여긴다고 대답했다.

다음날 아침 산책길, 메리앤이 윌러비가 말을 한 마리 선물했다며, 말이 도착하면 매일 승마를 즐기고 '언니도 태워주겠다'며 한껏 상상의 나래를 펼쳤다. 그러나 깜짝 놀란 엘리너는 말을 기르면 마구간과 하인도 필요하고 비용도 적지 않게 들어가는 등, 번거로울 것이라며 주의를 환기시키고, 알고 지낸 지 얼마 되지도 않은 남자로부터 값비싼 선물을 받는 것이 과연 올바른 처신인지 모르겠다고 덧붙였다. 메리앤은 꼭 오래 사귀고 자주 만나야 서로를 진정으로 알고 가까워지는 것은 아니라고 항변하면서도 어머니를 불편하게 만들고 싶지 않으니 그 선물은 사양하겠다고 수그러들었다. 다음날, 막내 마거릿이 심각한 얼굴로 '언니가 곧 윌러비 씨와 결혼할 것 같다'면서, '두 사람이 속닥거리더니 언니가 머리카락을 잘라주었고, 그가 종이에 싸서 지갑에 넣었다'고 말하자, 엘리너는 믿지 않을 수 없었다. 어느 날 저녁, 놀랜드에 엘리너가 호감을 품은 남자가 있다는 사실을 어느 정도 눈치 챈 제닝스 부인이 마거릿에게 그 사람의 이름을 대라고 추궁했다. 에드워드가 농담거리로 입에 오르내리는 것이 싫은 엘리너는 막내를 제지했지만, '직업은 없고⋯ 이름은 F로 시작한다'고 털어놓았다. 다음날, 대시우드 자매들, 브랜든 대령, 윌러비, 미들튼 가족은 바튼에서 약 20킬로미터쯤 떨어진 휘트웰로 소풍갈 계획을 세웠다. 그곳은 브랜든 대령의 매부가 소유한 영지였다.

　일행이 출발 채비를 갖추고 식사를 할 때, 브랜든 대령에게 편지가 날아들었고, 안색이 변한 대령은 사업상 런던에 가야겠다면서 실망한 사람들의 만류에도 불구하고 떠나갔다. 제닝스 부인은 엘리너에게 틀림없이 숨겨놓은 딸 '윌리엄스 양' 때문일 것이라고 속삭였다. 계획을 바꿔 마차를 타고 교외로 유람을 나가기로 의견을 모은 일행은 마차들을 준비시켰는데, 윌러비가 가장 먼저 도착한 그의 마차를 타고 재빨리 메리앤과 함께 일행의 시야에서 사라졌다. 엘리너는 나중에 엘런햄에 가서 집과 정원을 구경했다는 메리앤의 말을 듣고 깜짝 놀라며 예의에 어긋나는 경솔한 행동이었다고 나무랐다.

대시우드 모녀들에게 애정을 느끼고 있는 것이 분명한 윌러비는 메리앤에게는 더욱 각별했고, 바튼 코티지를 자기 집처럼 여기는 것 같았다. 며칠 후, 여느 때처럼 바튼 코티지에 놀러온 윌러비는 봄에 집을 고치겠다는 대시우드 부인의 말에 벽돌 하나라도 옮겨 소박함을 훼손시키면 안 된다면서, 더불어 '저도' 변치 않고 다정하게 대해 달라고 부탁했고, 기꺼이 그 청을 받아들인 부인은 다음날 저녁식사에 그를 초대했다.

다음날 오후, 외출했다 귀가하던 대시우드 부인과 두 딸은 메리앤이 울면서 거실을 나와 2층으로 올라가는 모습을 보고 깜짝 놀랐다. 거실로 들어가니 윌러비는 스미스 부인의 명을 받아 업무차 런던으로 떠나며 올해는 돌아올 수 없을 것 같다면서 작별을 고했다. 대시우드 부인은 윌러비가 두 사람의 관계를 눈치 챈 스미스 부인에게 떠밀려 어쩔 수 없이 잠시 떠나는 것이라고 추측했지만, 엘리너는 '우리에게까지' 약혼에 대해 침묵한다는 것이 꺼림칙하다면서, '자신의 어려움에 대해 솔직히 인정하는 것이 옳다'고 대꾸했다. 저녁식사 시간에 눈이 퉁퉁 부은 채 나타난 메리앤은 시선을 피하며 먹지도 않고 말도 하지 않은 채 앉아 있다가 어머니가 손을 잡아주자, 울음을 터트리며 방을 나갔다.

브랜든 대령과 엘리너가 '두 번째 애정'을 놓고 대화하는 장면은 작품의 궁극적 전개 면에서는 역설적이다. 엘리너를 제외한 거의 모든 인물이 결과적으로는 한 번 이상의 사랑을 경험하기 때문이다. 윌러비를 사랑한 메리앤과 결혼하는 이성적이고 한결 같은 브랜든 대령은 나중에 밝혀지듯, 메리앤이 옛사랑과 닮았기 때문에 사랑에 빠졌다. 루시 스틸과 4년간 비밀약혼 관계를 유지했던 에드워드는 엘리너와 결혼한다. 윌러비는 메리앤을 사랑한다면서도 부자인 소피아 그레이 양과 결혼했다. 헨리 대시우드도 생전에 두 번 결혼했다. 결국 '두 번째 애정'이 아무런 문제가 되지 않는다고 생각하는 듯한 엘리너만 첫사랑과 결혼한다.

메리앤이 연인 사이의 감정이나 관계를 표현할 때 즐겨 쓰는 '애정(attachment)'은 두 사람만의 은밀하고 깊은 주관적 연정을 묘사하는 것으로, 제목에 나오는 '감성(sensibility)'의 개념과 밀접하게 연결된 용어이고, '교제(connection)'는 역시 감정적인 '애정'은 수반해도 공적인 유대를 의미하며 '이성(sense)'의 개념과 연결되는 용어다. 메리앤과 윌러비의 관계는 '애정'으로 묘사되고 있는 반면, 엘리너는 윌러비와의 관계에 대해 말할 때, 그들 사이에 공식적인 '교제'가 부족하다고 지적한다.

오스틴의 소설이 모두 그렇지만 〈이성과 감성〉에서도 결혼은 돈 문제와 밀접하게 연관된다. 메리앤과 윌러비의 관계를 곰곰이 생각하던 엘리너는 '그들의 힘으로는 당장 결혼할 수 없을지도 모른다'고 결론짓는다. 당시에는 결혼에 앞서 돈 문제를 따져보는 것은 아주 당연한 일이었고, 남녀가 결혼하려면 미리 안정적인 수입원을 확보해 두어야 했다. 제인 오스틴은 약혼하고도 돈 때문에 수년간 결혼하지 못하는 언니 카산드라를 지켜보면서 이런 문제를 몸소 절감했던 것.

윌러비는 나중에 비록 돈 때문에 다른 여자와 결혼하게 되지만, 메리앤과 연애하던 당시에는 현실적인 문제들을 하찮게 여기는 것 같다. 심지어 대시우드 가족의 형편은 아랑곳없이 메리앤에게 말을 선물하겠다고 제안하는데, 그 말의 이름이 '맵 여왕(Queen Mab)'이다. 맵 여왕은 〈로미오와 줄리엣 *Romeo and Juliet*〉 제1막 4장에 나오는 '요정들의 산파'를 가리키며, 연인들의 머릿속을 마차로 오가면서 마법의 꿈을 꾸게 만든다고 한다. 로미오의 친구 머큐시오에 의하면, '한낱 공상이나 낳고… 한 줄기 바람보다 더 변덕스러운’ 그 꿈들처럼 말을 갖겠다는 메리앤의 소망은 결코 이루어지지 않고, 그녀의 사랑 윌러비는 약삭빠르고 변덕스러운 사내로 판명된다.

11-15장에서는 이 소설의 주요 주제 가운데 하나인 품성과 겉모습의 관계가 뚜렷이 부각된다. 사람의 외모만 보고 품성을 평가하거나 판단하지 않으려는 원칙을 꿋꿋이 지키는 엘리너는 일찍이 제닝스 부인으로부터 브랜든 대령이 메리앤에게 호감을 갖고 있다는 말을 들었을 때도 믿지 않다가 메리앤의 낭만적 성향에 대해 직접 언급하자 비로소 동생을 좋아한다고 생각하고, 어머니와 막내가 메리앤과 윌러비의 약혼을 굳게 믿을 때도 두 사람이 공식적으로 밝히지 않기 때문에 믿으려 하지 않는다. 대시우드 부인과 엘리너가 메리앤과 윌러비의 관계에 대해 이야기하는 장면(15장)에서 부인은 두 사람의 표정과 행동거지를 보고 쉽게 믿는 반면, 엘리너는 분명히 말로 밝혀야 믿을 수 있다고 주장하는 것. 대시우드 부인은 겉모습만 보고 결론을 내리지만, 엘리너는 그 겉모습이 말로 확인될 때까지 판단을 보류하는 것인데, ‘이성과 감성’이 갈라지는 또 다른 예다.

Chapters 16-19

　　아무리 격렬한 이별의 고통도 영원히 지속될 수는 없었다. 며칠이 지나자 추억을 반추하면 이따금 슬픔이 생생하게 되살아났지만, 그 고통은 서서히 가라앉았다. 그러나 대시우드 부인과 엘리너는 윌러비의 편지가 없고 메리앤도 기다리는 눈치가 보이지 않자 놀랍고 불안했다. 엘리너는 어머니에게 약혼 사실을 물어보라고 권유했지만, '그 애가' 밝힐 상황이 되면 가장 먼저 '내게 알릴 것'이라며 거부했다. 그리고 며칠이 지난 어느 날 저녁, 대시우드 부인이 윌러비와 함께 읽던 〈햄릿〉을 치워두자고 말하자, 메리앤이 몇 주 후에는 돌아올 것이라고 대답했다. 대시우드 부인은 그 말을 꺼낸 것이 못내 마음에 걸렸지만, 엘리너는 동생이 윌러비의 속내를 알고 있다는 생각이 들어 다행스러웠다. 윌러비가 떠난 지 1주일쯤 지난 어느 날 아침나절, 산책을 나갔던 세 자매 앞에 에드워드 패라스가 나타났다. 메리앤은 에드워드가 언니에게 다정한 인사를 건네면서도 연인을 대하는 태도라고 보기에는 너무 형식적이고 무뚝뚝하다는 생각이 들자, 놀랍고 화가 치밀었으나 내색하지 않았다.

저녁식사를 마친 후, 대시우드 부인은 어딘지 활기가 없는 듯한 에드워드의 모습이 그의 어머니 탓이라고 여기면서 '패라스 부인은 자네에게 무엇을 기대하느냐'고 물었다. 에드워드는 어머니는 '제가' 공직에는 맞지 않는다는 것을 '납득하셨다고 믿는다'면서, 유명해지고 싶은 생각은 없으며 '위대하다고 행복하지는 않을 테니 제 방식대로 행복해져야겠다'고 대답했다. 메리앤은 돈과 권력이 행복과는 무관하다면서 '어느 정도의 재산을 가지면 돈은 만족을 줄 수 없다'고 대꾸하지만, 엘리너는 권력은 몰라도 부는 행복과 상관관계가 있다면서 '네가 말하는 어느 정도의 재산과 내가 말하는 부는 같은 말'이라고 반박했다. 알고 보니 메리앤이 말하는 '어느 정도의 재산'은 1,800 내지 2,000파운드인 반면, 엘리너의 '부'는 고작 1,000파운드였다. 메리앤은 만약 큰 부자가 된다면 과거를 떠올리고 싶다며 먼저 좋아하는 악보와 책들을 사겠다면서도 윌러비와의 결혼을 성사시키겠다고 암시했다. 엘리너는 에드워드에게 메리앤은 아직도 '누구나 단 한 번만 사랑에 빠질 수 있다'는 확신을 가졌다고 말하고, 메리앤에게는 모든 사람을 공손하게 대하되 반드시 그들의 감정에 맞출 필요는 없다고 일러주었다.

엘리너는 에드워드가 이전과 같은 애정을 보여주기를

기대했지만, 좀처럼 속내를 내보이지 않자 초조했다. 대화를 나누던 메리앤은 에드워드의 손가락에 끼워진 머리카락을 꼬아 박은 반지를 보고 '패니의 머리카락'이냐고 묻고, 그렇다는 대답을 듣고서도 '언니 것'이라고 생각하고 내심 흡족했다. 엘리너도 그가 몰래 슬쩍한 '자신의 것'이라고 생각하며 나중에 확인하기로 결심했다. 에드워드는 당황한 기색이 역력했다.

바튼 코티지에 머문 지 1주일이 흐르자, 에드워드 패라스는 아쉽지만 놀랜드나 런던으로 가야 한다고 말했다. 그토록 빨리 떠나는 이유를 생각하던 엘리너는 그의 우유부단한 행동에 실망하고 화가 났지만 아들 일에 참견하기 좋아하는 어머니가 맡긴 어떤 일을 처리해야 하기 때문일 것이라고 결론짓고, 그가 끼고 있던 반지에서 위안을 얻으며 아무렇지도 않은 듯 그림 그리기와 일상생활에 몰두하면서도 이따금 그를 떠올리며 연민, 비난, 의혹에 잠겼다. 며칠 후, 엘리너가 그림 그리는 탁자 앞에 앉아 생각에 잠겨 있을 때, 존 경이 창문을 두드리더니 처와 장모, 그리고 처제 부부인 '낯선 손님들을 모셔왔다'고 말했다. 해산달이 가까운 샬럿 파머는 예쁘고 생기발랄했으며, 20대 중반의 근엄한 파머는 꼼짝 않고 앉아 신문만 보다가 돌아갔다. 대시우드 자매는 존 경의 다음날 저녁식사 초대를 마지못해 받아들였다.

16장 첫머리에서 메리앤은 연인과의 관계가 순탄치 않은 사람에게서 나타나는 모습 그대로 행동한다. 윌러비와 함께 읽던 책만 꺼내 다시 읽고, 함께 부르던 노래만 부르며 서러운 느낌을 일부러 키우는 것. 윌러비가 떠난 날에는 밤을 꼬박 새워 언니와 어머니까지 애통한 심정에 끌어들여 언짢게 만들어놓았다. 반면, 자신의 고통을 가족들에게 드러내지 않기로 결심한 엘리너는 에드워드의 속내가 궁금하고 의심스럽고 화가 나도 전과 다름없이 바쁘게 생활하며 어머니와 동생들을 걱정시키지 않았다.

16-19장에서 부각되는 중요한 주제 하나는 사생활의 가치뿐만 아니라 비밀과 숨김에서 야기되는 혼란의 문제다. 메리앤이 윌러비와의 현재 관계를 감추는 탓에 어머니와 언니는 그녀가 슬퍼하는 모습과 몇 주일 후에 윌러비가 돌아온다는 말만 듣고 상황을 추측할 수 있을 뿐이다. 엘리너 역시 그리워하던 연인 에드워드를 반갑고 따뜻하게 맞이하지 않고 행동을 관찰하다가 그가 감정을 드러내지 않자, 마음이 변한 것이 아닌지 생각한다. 에드워드의 태도가 의아하기는 메리앤도 마찬가지다.

에드워드는 반지의 머리카락이 화제에 오르자 '누나의 것'이라고 주장했으나 무언가를 숨기는 낌새가 역력한

데, 막내 마거릿이 윌러비가 메리앤의 머리를 잘라 간직하는 것을 보았다고 언니에게 속삭이던 장면과 대비된다. 일단 숨기려는 태도는 파머 부부에게서도 나타난다. 제닝스 부인은 엘리너에게 딸 샬럿이 임신했다고 속삭이고, 파머는 내내 신문에 얼굴을 숨기고 있다가 돌아가는 것. 16-19장에서는 등장인물들이 저마다 다른 사람들에게 무언가를 숨기려고 애쓰는 것처럼 보이면서 이야기는 오해와 의혹으로 한층 흥미로워진다.

앞부분에서 윌러비가 메리앤에게 선물하려던 말의 이름은 〈로미오와 줄리엣〉에 나오는 '요정들의 산파'를 연상시키는 '맵 여왕'인데, 산책 나갔던 대시우드 자매가 말을 타고 다가오는 남자를 보게 되는 장면은 그 이야기를 다시 한번 상기시킨다. 윌러비가 맵 여왕을 선물하겠다고 제안했으나 어머니에게 부담을 주지 않기 위해 어쩔 수 없이 거절하면서 결국 말을 가지려던 소망이 한낱 꿈이 되어버리듯, 말을 타고 다가오는 남자가 윌러비가 아니라 에드워드라는 사실 앞에 다시 한번 헛된 꿈이 되는 것.

대시우드 자매들 앞에 나타난 에드워드는 바튼까지 오면서 진흙탕 길 때문에 애를 먹었다고 말하는데, 이 작품에서 길은 등장인물들의 관계를 촉진하거나 밝히는 매우 중요한 제재다. 오스틴은 놀랜드에서 바튼으로 이사 오는 대시우드 모녀들의 이동, 바튼으로 찾아오는 윌러비와 에드워드의 이동, 제닝스 부인과 함께 런던으로 가는 엘리너와 메리앤의 여행 등을 축으로 소설을 전개하고 있다. 놀랜드를 떠날 때, 대시우드 부인은 마차를 팔아버리지만 가족의 사교생활은 아무런 문제가 없다. 브랜든 대령, 윌러비, 에드워드, 파머 부부 등이 바튼을 찾아오기 때문이다. 사람들의 이동이나 여행은 몹시 중요한 일이고, 도로의 발달이 삶에 어떤 변화를 초래하는지 오스틴은 잘 알고 있었다. 당시에도 길들이 많이 좋아져 고을에서 고을로 이동하고, 특히 큰 어려움 없이 런던까지 왕래할 수 있었다. 남녀의 애정과 관계가 소설의 큰 얼개인 상황에서 진흙탕 길은 단지 외적인 풍경의 묘사뿐만 아니라 줄거리 전개도 암시한다.

Chapters 20-22

　다음날, 대시우드 자매는 존 경의 집을 방문했다. 자매를 반갑게 맞이한 샬럿 파머는 다음주에 클리블랜드의 집으로 손님들이 오기 때문에 '내일' 떠나야 한다며 런던에서 다시 만나자고 간청했으나 거절당하자, 남편에게 '아가씨들이' 겨울을 나거나 적어도 성탄절 때만큼은 클리블랜드에서 머물도록 설득해 달라고 도움을 청했다. 그러나 파머는 날씨에 대해 불평만 늘어놓았고, 그녀는 남편의 무관심, 오만함, 불평도 재미있다며 좋아했다. 엘리너는 파머가 본래 몰지각하거나 무례한 사람은 아니지만 어리숙한 아내에게는 저런 식의 대처밖에 할 수 없을 것이라고 생각했다. 몇 차례 더 샬럿 파머의 청을 거절하던 엘리너가 슬며시 윌러비에 대해 물어보았다. 그녀는 자기 집에서 멀지 않은 쿰 마그나에 그의 거처가 있으나 런던에서만 보았고, 얼마 전에 만난 브랜든 대령에게 메리앤과 윌러비가 '결혼할' 사이인지 물었더니 맞는다고 확인해 주었다면서, 어머니가 반대하지 않았다면 대령과 결혼했을 것이라고 덧붙였다. 엘리너는 그녀의 정보가 그다지 도움은 되지 않았으나 윌러비가 쾌활하고 인기가 있다는 말에는 기분이 좋았다.

다음날, 파머 부부는 클리블랜드로 돌아갔다. 처제 부부가 떠나자 존 경은 엑시터에 소풍갔다가 만난 앤과 루시 스틸 자매를 바튼으로 초대했고, 제닝스 부인의 친척인 그 자매와 대시우드 자매가 만나는 자리를 마련했다. 존 경은 미리 좋은 이야기를 들려줘 서로에게 호감을 갖도록 배려했지만, 엘리너와 메리앤은 스틸 자매가 아이들의 짓궂은 장난과 응석을 모두 받아주는가 하면, 지나치게 레이디 미들튼의 비위를 맞추려 들고, 멋쟁이 젊은이들에 대해 천박하게 떠들어대자 기분이 언짢아졌다. 엘리너는 루시가 영리하지만 품위와 교양이 부족하다고 생각하며 그 집을 나왔다. 반면, 스틸 자매는 한껏 대시우드 자매에게 호감을 보였다. 그들이 두 번째 만났을 때, 존 경이 엘리너를 놀리려고 에드워드 패라스를 들먹이자, 앤 스틸이 '그 사람을 아주 잘 알고 있다'고 대꾸했다. 엘리너는 호기심이 생겼으나 이야기는 더 이상 지속되지 않았다.

며칠 후, 존 경의 집에서 바튼 코티지까지 함께 걷던 루시 스틸이 에드워드의 어머니 패라스 부인을 만나본 적이 있느냐고 물었다. 엘리너가 '없다'고 대답하자, 루시는 에드워드와 약혼한 지 4년이 되었으며 그가 플리머스에서 그녀 삼촌의 학생이었을 때 가까워졌다고 말했다. 깜짝 놀란 엘리너는 '에드워드 패라스 씨'가 확실한지 물었고, 루시는 '패라스 부인의 장남이자 존 대시우드 부인의 동생'이 분명하다면서 주머니에서 그의 작은 초상화와 편지를 꺼내 보이고 '제 머리카락으로' 반지도 만들어주었다고 말했다. 엘리너는 태연한 척했지만, 굴욕감과 함께 커다란 충격에 휩싸였다.

대시우드 자매와 비교하면, 스틸 자매는 '교육을 받지 못했기 때문에' 무지하고 분별력이 부족하며, 세련되지 못하고, 진실성도 없다. 서른 살쯤 된 앤 스틸은 평범한 외모에 생각이 단순한 반면, 십대 후반의 대시우드 자매는 예쁘고 생각도 깊다. 스물세 살의 루시 스틸은 '천성적으로' 영리하고 아름다웠으나 진정한 우아함과 고결함이 부족하다. 레이디 미들튼을 대하는 태도에서도 부끄러운 줄 모르고 비위를 맞추기 위해 노력하는 스틸 자매와 예의를 지키면서도 입에 발린 말은 하지 않는 대시우드 자매는 뚜렷이 대비된다.

루시가 '교육을 받지 못했다'는 엘리너의 판단은 '공식' 교육제도의 틀 안에서 이튼 스쿨이나 옥스퍼드 같은 학교를 다니지 못했다는 뜻이 아니다. 그런 학교는 가문 좋은 남자들이나 다닐 수 있었다. 당시에는 여자에게 정식 학교교육이 필요하다고 생각하는 사람은 거의 없었다. 오스틴도 친척뻘인 가정교사 콜리 부인에게 배운 것과 리딩의 기숙학교에서 잠시 공부한 기간 이외에는 제도교육의 혜택을 별로 받지 못했고, 여느 점잖은 집안의 처녀들처럼 가족들로부터 외국어, 소묘, 사생, 피아노 등을 익힌 것이 전부였다. 엘리너는 그림을 잘 그렸고, 메리앤은 피아노를 잘 쳤다. 따라서 엘리너는 그런 기예를 갖추지 못한 루시가 에드워드 패라스와 약혼했다는 말을 듣고 더욱 놀란 것이다.

오스틴은 엘리너가 루시와 에드워드 패라스의 비밀약혼 사실을 분명히 확인하고 굴욕감을 느끼며 충격에 휩싸이는 장면에서 제1권을 끝낸다. 그러나 22장과 23장이 곧바로 이어지는 상황에서 제1권과 제2권을 나눈 이유는 주인공 엘리너에게 초점을 맞추기 위한 것이다. 루시의 실토는 줄거리 전개까지는 아니더라도 엘리너의 사고에 중요한 전환점이고, 23장에서는 남다른 이성과 분별력으로 에드워드와 루시의 약혼을 잘 소화해내기 시작할 것이기 때문이다. 에드워드는 지속적인 진정한 애정보다는 젊은 한때의 객기로 약혼한 것이 틀림없다고 추론하는 것.

[제2권]

Chapters 23-27

엘리너는 루시가 밝힌 사실과 정황을 곰곰이 생각한 끝에 에드워드가 지속적인 진정한 애정보다는 젊은 한때의 객기로 약혼한 것이 틀림없다고 결론짓고, 4년이 흘러 루시가 무지하고 보잘 것 없다는 사실을 알게 된 지금도 사랑하지는 않을 것이라고 확신했다. 그리고 루시와 비밀을 지키기로 약속했기 때문에 어머니와 메리앤에게 약혼 사실을 말하지 않게 된 것이 아주 다행스러웠다. 며칠간 엘리너는 두 사람의 약혼과 에드워드에 대한 루시의 진심을 좀더 알고 싶었으나 기회를 잡지 못했다. 그러던 어느 날, 바튼 파크에서 만찬을 마친 후에 다른 사람들은 카드놀이를 즐기고, 메리앤은 피아노를 칠 때, 엘리너는 루시를 도와 레이디 미들튼의 딸 애너마리아의 바구니를 만들면서 에드워드에 관한 이야기를 꺼낼 수 있었다.

엘리너는 아주 불행한 '당신'의 처지를 견뎌내려면 무

엇보다 두 사람의 애정이 필요하다면서, 더불어 '어머니에게 의존하는' 에드워드의 경제력을 염려했다. '그 사람'의 사랑은 전혀 의심하지 않고 돈이 얼마 없어도 가난에 익숙한 '저는' 살림을 꾸려갈 수 있지만 그가 재산을 상속받지 못하게 만드는 '이기적인 존재'는 되고 싶지 않다면서, 패라스 부인에게 약혼 사실을 밝히면 '홧김에' 모든 재산을 '로버트 씨'에게 물려줄 테니 성급하게 행동할 수도 없다는 루시가 두 사람의 행복을 위해 파혼이 현명한 길인 것 같다며, '당신'의 충고에 따르겠다고 말하자, 엘리너는 '연인들'을 갈라놓는 책임을 떠맡을 수는 없다며 거절했다. 잠시 후, 루시가 런던에서 다시 만났으면 좋겠다는 바람을 밝혔지만, 엘리너가 '올 겨울'에는 갈 생각이 없다고 대답하자 실망한 모습을 보였다.

얼마 후, 제닝스 부인이 포트먼 스퀘어 근처의 자기 집에 함께 가자고 초대하자, 대시우드 자매는 어머니만 홀로 남겨둘 수 없다고 거절했으나 메리앤의 속내를 간파하고 런던 사교계의 생활을 알아두어야 한다고 떠미는 어머니의 고집을 이기지 못하고 초대를 받아들였다. 메리앤은 마침내 윌러비를 만날 수 있다는 생각에 들떠 가슴이 설렜지만, 엘리너는 동생이 걱정스러워 따라나서면서도 혹시 에드워드와 루시를 만나지나 않을까 마음이 쓰였다.

1월 첫째 주, 일행은 제닝스 부인의 마차를 타고 여행을 시작한 지 사흘째 되는 날 오후 런던에 도착했다. 저녁 식사가 준비되는 동안 엘리너는 어머니에게 편지를 썼다. 그 옆에서 존 윌러비에게 편지를 써 보낸 메리앤은 저녁 내내 초조하게 그를 기다렸지만, 생각지도 않았던 브랜든 대령이 나타나자 몹시 실망하고 방에서 나가버렸다. 대령은 제닝스 부인에게 '내일' 샬럿 파머가 찾아올 것이란 소식을 전하고 돌아갔다. 다음날, 샬럿은 친정어머니와 대시우드 자매를 대동하고 시내로 쇼핑을 나갔다 돌아왔다. 메리앤은 윌러비의 소식이 왔을지도 모른다는 기대감에 누구보다 먼저 집으로 들어갔건만 아무런 소식도 없었다.

다음날 아침식사 시간, 제닝스 부인이 사냥하기에 아주 좋은 날씨라고 말하자, 메리앤은 윌러비도 시골 어딘가에서 사냥하느라 나타나지 않는 것이라고 생각하며 자위했다. 브랜든 대령은 거의 매일 부인의 집에 왔고, 엘리너는 자기와 이야기를 나누면서도 이따금 메리앤을 쳐다보는 대령이 걱정스럽고 안쓰러웠다. 며칠 후, 미들튼 부부도 런던으로 왔다. 존 경은 바튼에서 하던 대로 부리나케 젊은이들을 위해 조촐한 무도회를 열었다. 물론, 20여 명 정도의 참석자에는 대시우드 자매와 파머 부부도 끼어 있었다. 주위를 둘러본 메리앤은 실망한 기색이 역력했다. 무도회가 끝나고 귀가했을 때, 불평을 늘어놓던 메리앤은 윌러비도 초대했으나 나타나지 않았다는 제닝스 부인의 말에 큰 상처

를 받은 것 같았다. 엘리너가 고통스러워하는 동생을 보며
두 사람의 관계에 대해 확실히 물어보도록 어머니를 설득
하는 편지를 쓰고 있을 때, 대령이 찾아와 메리앤과 윌러비
의 약혼 소식을 들었다면서 '저의' 소망이 이루어질 가능성
에 대해 말해 달라고 간청했다. 엘리너가 약혼 여부는 몰라
도 사랑하는 사이인 것만은 확실하다고 대답하자, 대령은
'동생 분께는' 행복을 기원한다는 말을, 그리고 윌러비에게
는 '동생 분의' 기대를 저버리지 않기를 바란다는 말을 전
해 달라며 돌아갔다.

　　루시 스틸은 엘리너에게 에드워드와 남몰래 약혼한 지
4년이 되었다고 털어놓는데, 그 기간은 사실이지만 그들의
사랑이 전혀 변하지 않았으며 에드워드가 자신에게 신의를
지킨다는 말은 거짓이다. 엘리너의 확신처럼 에드워드는 오
직 엘리너 생각뿐인 것.

　　메리앤의 이름은 성격에 딱 어울린다. 셰익스피어의
희곡 〈눈에는 눈 *Measure for Measure*〉에서 해자로 둘러
싸인 저택 옆에서 연인을 기다리는 매리애너처럼 런던에
도착한 때부터 줄곧 윌러비를 기다리며 애를 태우고 한숨
짓는 메리앤은 레이디 미들튼의 버릇없는 딸 애너마리아

를 연상시킨다. 오스틴은 메리앤과 애너마리아라는 유사한 이름을 통해 메리앤의 지나친 감성과 낭만주의는 버릇없는 아이의 집착이나 안달과 다를 것이 없다고 암시한다.

윌러비는 23-27장에서는 등장하지 않으면서도 다른 등장인물들의 뇌리에서 떠나지 않는 존재로 계속 들먹여진다. 메리앤은 윌러비를 만날 수 있을 것이란 기대감을 품고 런던으로 갔지만, 하루하루 흘러가도 모습을 드러내지 않자 상심과 고통이 쌓여간다. 엘리너는 동생의 행복을 바라기 때문에 어쩔 수 없이 윌러비를 많이 떠올리게 된다. 브랜든 대령도 메리앤과 윌러비의 약혼 소문을 확인하기 위해 엘리너를 찾아온다. 윌러비의 이름이 자주 등장하면서 독자들도 메리앤과 윌러비의 관계가 한층 더 궁금해지고, 다른 한편으로는 윌러비를 기다리는 메리앤의 애타는 마음과 고통도 헤아릴 수 있게 된다.

엘리너 자매가 런던에 도착한 첫날, 메리앤은 그들이 보고 싶어 찾아온 브랜든 대령을 윌러비라고 생각하는데, 앞으로 여러 사람의 관계가 변화할 것이라고 암시하는 장면이다. 메리앤은 에드워드가 말을 타고 바튼 코티지를 향해 다가오는 모습을 보며 윌러비라고 생각했던 적이 있고, 에드워드의 반지에 장식된 루시의 머리카락을 '언니 것'이라고 생각하는가 하면, 엘리너는 루시가 패라스 부인 이야기를 꺼내자 에드워드가 아니라 동생 로버트와 관계된 여자라고 예단한다. 이렇게 등장인물들이 사람이나 상황을 오인하는 장면들은 어떤 사람을 사랑하던 처녀(메리앤)가 다른 사람과 결혼하거나 형과 약혼했던 처녀(루시)가 동생과 결혼하는 반전을 예고한다.

Chapters 28-32

대시우드 자매는 예의상 어쩔 수 없이 레이디 미들튼과 함께 어떤 파티에 참석했다. 엘리너는 그곳에서 뜻밖에도 멋쟁이 아가씨와 대화를 나누고 있는 윌러비를 발견하고 눈이 마주쳤으나 아는 척만 할 뿐, 선뜻 다가오지 않았다. 이어 메리앤도 그를 알아보고 반가움에 달려가려 했지만 언니가 만류하자, 고통스러운 모습으로 자리에 앉았다. 잠시 후 다시 대시우드 자매와 눈이 마주친 그가 다가왔고, 감정이 격해진 메리앤이 '제 편지들'은 받았느냐고 물었다. 윌러비는 제닝스 부인 집에 찾아갔으나 만나지 못하고 명함을 남겼으며, 편지는 모두 받았다고 답하고 멋쟁이 아가씨에게로 돌아갔다. 비참한 기분에 젖은 메리앤은 언니와 레이디 미들튼을 졸라 급히 무도회장을 빠져나왔다.

다음날, 메리앤은 아침식사 뒤에 배달된 윌러비의 편지를 언니에게 보여주었다. 전날 밤 무도회에서 조금이라도 무례한 행동을 했다면 사과하고, 혹시 대시우드 가족 모두를 귀하게 여기는 감정을 메리앤이 사랑으로 오해했다면 '제' 처신이 잘못된 탓이라면서, 곧 다른 아가씨와 결혼하며, 메리앤의 편지 세 통과 머리카락을 돌려보낸다고 적혀 있었다. 동생의 입을 통해 윌러비와 약혼하지 않았고, 정식으로 사랑을 고백받은 적도 없다는 말을 들은 엘리너는 윌러비에게 제닝스 부인의 집으로 와달라고 애걸하는 편지 세 통을 읽고 슬픔을 느끼면서도 따뜻이 위로해 주는 한편, 당장 집으로 돌아가 어머니를 위로해야겠다는 동생의 말에는 제닝스 부인의 환대에 대한 예의가 아니라며 만류했다.

제닝스 부인은 엘리너에게 '동생이 아주 안 좋아 보인다'면서 메리앤은 예뻐서 따라다니는 남자가 부족할 일은 없을 것이라고 엉뚱한 위로를 남긴 채 방을 나갔다. 그날 저녁식사 자리에서 부인은 메리앤의 불행을 조금이라도 덜어주기 위해 '부모 같은' 애정으로 대해 주었으나 그 상황을 눈치 챈 메리앤은 방으로 돌아갔다. 엘리너는 자리에 남아 제닝스 부인과 다른 손님들의 이야기를 경청했는데, 화제는 요즘 젊은이들은 더 이상 미모에는 관심을 두지 않는다는 것과 낭비벽이 심한 윌러비가 형편이 어려워지자 부유한 상속녀 소피아 그레이에게 청혼했다는 내용이다. 제닝스 부인은 브랜든 대령에게는 아주 잘된 일이라면서 머지 않아 메리앤과 대령이 결혼할 것이라고 장담하고, '사생아'만 아니면 알부자에 더없이 좋은 신랑감이라고 치켜세웠다.

일행이 저녁식사 후 차를 마실 때, 대령이 찾아와 윌러비와 그레이 양의 약혼 소문이 사실이냐면서 걱정스레 메리앤의 안부를 물었고, 엘리너는 '동생이' 아주 고통스러워한다며 빨리 헤어나기를 바랄 뿐이라고 대답했다.

다음날, 다시 찾아온 브랜든 대령은 '동생 분이' 마음의 상처를 치유하는 데 보탬이 될 것 같다면서 엘리너에게 자신의 이야기를 들려주었다. 외모뿐만 아니라 뜨거운 가슴과 풍부한 상상력까지 메리앤과 빼닮은 일라이자라는 친척 아가씨와 어린 시절부터 함께 자라며 서로 사랑이 싹텄다. 고아인 일라이자는 재산이 많았고, 후견인이었던 '제 아버지'는 어려운 집안 사정 때문에 그녀의 나이 열일곱에 형과 결혼시켰다. 본의 아니게 연인의 시동생이 되었던 '저는 서로의 행복을 위해' 동인도로 전출을 갔다. 그 후, 사랑도 없이 형의 무관심과 절망 속에 살아가던 그녀는 불륜을 저질렀고, 결국 이혼했다. 약 5년 만에 귀국한 '저는' 우연히 런던의 채무자 감옥에서 폐병 말기인 그녀를 찾았으나 세 살짜리 딸을 부탁하고 세상을 떠났다. '저는' 그 아이를 기숙학교에 보내고 틈날 때마다 보러 갔으나 '제가' 형의 유산을 물려받은 이후부터는 그 아이 쪽에서 찾아왔다. 그런데 1년 전쯤 갑자기 사라졌던 그 아이가 '우리들이' 휘트웰로 소풍가려던 날, 윌러비의 유혹에 넘어가 임신했으나 버림받았다는 편지를 보내왔기에 급히 런던으로 간 것이라고 말하고, 앞으로 '동생 분은' 지금 상황을 아주 고마워할 것이라고 덧붙였다.

엘리너가 윌러비에 얽힌 이야기를 들려주자, 메리앤은 윌러비가 다른 여자를 택했다는 사실과 그의 성품이 나쁘다는 사실을 알게 된 것이 마음 아팠다. 대시우드 부인은 편지에서 윌러비의 배신 소식에 충격을 받았으며 괴롭다면서, 추억을 상기시키는 바튼보다는 런던에서 좀더 지내다가 이복 오빠 존 대시우드 부부를 만나는 것이 좋겠다고 충고했다. 제닝스 부인, 샬럿 파머, 레이디 미들튼, 스틸 자매는 대시우드 자매를 위로하려고 애썼지만, 마음속에서 우러나는 것이 아니라 체면치레와 잇속에서 나온 언행이었다. 예를 들면, 레이디 미들튼은 윌러비의 처신에 분개하면서도 그가 결혼하면 당장 그레이 양을 찾아가 명함을 남기고 와야겠다고 생각했다. '우아하고 부유한' 여성과 인연을 맺어두면 여러 모로 이로울 것이라고 믿기 때문이다. 따라서 진실하고 사심 없는 열성으로 메리앤의 아픔을 위로한 사람은 브랜든 대령뿐이었다. 2월 초, 엘리너는 괴로운 마음으로 동생에게 윌러비의 결혼 소식을 알려주었다.

오스틴은 곳곳에서 등장인물들 사이에 편지가 오가는

상황을 언급하면서도 편지 내용은 제대로 밝히지 않는다. 그러나 서간체 소설 〈엘리너와 메리앤〉의 원고를 가장 많이 반영하고 있는 듯한 29장에서는 윌러비와 메리앤 사이에 오고간 네 통의 편지 내용을 모두 공개한다.

윌러비의 편지를 읽은 엘리너는 그가 '지극히 나쁜' 인간이라고 생각한다. 오스틴의 소설들에는 항상 '나쁜' 사내들이 등장한다. 〈오만과 편견〉의 조지 위컴, 〈맨스필드 파크〉의 헨리 크로포드, 〈에마〉의 프랭크 처칠은 처음에는 매력적이고 기지가 넘치는 인물처럼 보이지만, 실상은 사기꾼들이다. 윌러비는 잘생긴 외모를 무기 삼아 아가씨들의 호감을 얻는 바람둥이이자, 충동적이고 냉담하다. 따라서 감성이 풍부한 메리앤의 마음은 사로잡을 수 있었지만, 엘리너의 전적인 믿음은 얻지 못하고 있다.

엘리너와 메리앤의 성격 차이는 연인들의 무심한 태도를 접한 뒤에 보이는 반응에서 뚜렷이 대비된다. 엘리너는 감정을 자제하면서 루시 스틸과 에드워드의 관계를 어머니와 동생에게 밝히지 않아도 되는 상황을 다행스럽게 생각하는 반면, 끝없이 불행을 탄식하고 비참한 기분에 젖어 있는 메리앤은 "내가 얼마나 비참한 처지인지 누가 알든 개의치 않는다"며, 파티에서 윌러비와의 관계를 만천하에 알리려고 들면서 감정을 거리낌 없이 드러내는 위험성을 보여준다.

일라이자 윌리엄스와 일라이자의 딸에 얽힌 브랜든 대령의 개인사는 정교하게 메리앤과 윌러비의 관계를 반영하고 있다. 젊은 남녀의 깊은 사랑을 무시하고 장자 상속의 관습을 따르는 무심한 아버지, 서로 얼굴을 맞댈 수 없는 처지가 되어버린 연인들과 형제, 사랑하는 남자들에게 상처받은 여자들에 관한 이야기는 소설 전체의 줄거리와 유사한 것. 한편, 대령의 이야기 속에 들어 있는 이혼, 유혹, 사생아, 결투 등의 사건도 모두 메리앤이 직면해야 하는 감정 상태와 상황들의 극단적인 결말이다. 그는 '아주 말재주가 없는 사람'이라고 시인하지만, 실제로는 이 소설의 중요한 주제들을 많이 밝히고 있다.

Chapters 33-36

　　제닝스 부인과 외출했던 엘리너와 메리앤은 어머니의 부탁으로 구식 보석 몇 점을 바꾸기 위해 시내의 그레이 보석상에 들러 손님이 하나인 줄 뒤에서 차례를 기다렸다. 그 손님은 최신 유행에 따라 멋지게 차려 입었으나 우쭐대는 태도가 눈살을 찌푸리게 만들고, 이쑤시개 통 하나를 주문하려고 오랜 시간을 잡아먹었기 때문에 불쾌하기 그지없었다. 이어 엘리너가 일을 보고 있는데, 이복 오빠 존 대시우드가 들어왔다. 아내의 도장을 주문하러 왔다는 그는 런던에 온 지 이틀이 되었으나 너무 바빠 동생들을 만날 시간이 없었다고 둘러댔다. 다음날, 존 대시우드는 동생들을 만날 겸 제닝스 부인 집을 방문했다가 브랜든 대령을 보았고, 존경 부부를 소개받기 위해 엘리너와 함께 걸어가면서 대령이 부자인지 묻고는 결혼하면 좋겠다고 말했다. 엘리너가 대령은 저와 결혼할 마음이 전혀 없다고 대꾸하자, 존은 그 결혼의 장점들을 열거하고, 이어 '너그러우신 장모님께서'

에드워드가 부잣집 외동딸 모튼 양과 결혼하면 매년 1,000 파운드를 주기로 했다며 패라스 부인을 한껏 치켜세운 다음, 얼굴이 창백하고 몸도 안 좋아 보이는 메리앤은 돈 많은 사람에게 시집가기는 어려울 것 같다고 덧붙였다. 존 경, 레이디 미들튼, 제닝스 부인과 인사를 나눈 존은 흡족한 마음으로 돌아갔다.

처음에는 교제할 만한 수준의 세련된 사람들인지 몰라 만나기를 꺼렸던 패니 대시우드는 남편의 말을 믿고 제닝스 부인 모녀를 만났으며, 특히 레이디 미들튼의 매력에 흠뻑 빠져 할리 가의 거처에서 만찬을 열기로 마음먹고 어머니 패라스 부인, 대시우드 자매, 제닝스 부인, 미들튼 부부, 스틸 자매, 브랜든 대령을 초대했다. 엘리너는 혹시 에드워드와 루시가 함께 있는 모습을 보게 될까 두려웠지만 그가 오지 않는다는 루시의 말에 마음을 놓았다. 엘리너는 심술궂고 거만한 패라스 부인과 패니가 '자신을' 초라하게 만들려고 작심한 듯 스틸 자매에게 친절을 베풀고, 그들의 속내도 모른 채 온갖 아양을 떠는 자매의 모습을 보며 그들 모두를 경멸하지 않을 수 없었다. 식사 후, 거실로 자리를 옮긴 여자들은 화제의 빈곤으로 패니의 아들 해리와 레이디 미들튼의 둘째 아들 윌리엄의 키나 비교하면서 엘리너에게도 의견을 물어 난처하게 만들었다. 이어 거실로 들어온 존 대시우드가 브랜든 대령에게 한 쌍의 방열가리개에 그려진

그림을 내보이며 엘리너의 솜씨인데 '마음에 들 것'이라고 동의를 구했다. 대령은 열심히 칭찬했고, 나머지 사람들도 그림을 돌려보며 감상했으나 패라스 부인은 눈길 한 번 주지 않고 건성으로 예쁘다면서 모든 양의 솜씨만 못하다는 투로 말을 하자, 발끈한 메리앤이 면박을 주었다. 대령은 언니 편을 드는 동생의 '끈끈한 정'에서 사랑스러움을 느꼈다.

루시 스틸이 엘리너를 찾아온 직후, 제닝스 부인은 딸 샬럿 파머의 해산이 임박했다는 소식을 듣고 급히 달려갔다. 루시는 만찬 날 패라스 부인이 친절하게 대해 주어 너무나 기분이 좋았다면서, 모든 일이 잘 풀려나갈 징조라며 한껏 고무되어 있었다. 그때, 하인이 '패라스 씨'의 방문 소식을 전했고, 뒤이어 들어온 에드워드는 루시와 엘리너를 보고는 몹시 당황했다. 약혼 사실을 모르는 메리앤은 그를 아주 반갑게 맞이했지만, 안절부절못하던 그는 이내 돌아갔고, 곧이어 루시도 가버렸다. 메리앤은 그녀가 왜 자꾸 찾아오는지 모르겠다고 투덜댔으나 약혼을 비밀에 붙이겠다고 약속했던 엘리너는 납득할 만한 설명을 해줄 수 없었다.

며칠 후, 샬럿 파머가 상속권을 갖는 아들을 낳자, 제닝스 부인의 기쁨과 자부심은 이루 말할 수 없었지만, 사위가 기뻐하는 기색이 없을 뿐만 아니라 아들이 특별히 자기를 닮은 것 같지도 않고 다른 아기들과 똑같이 생겼다고 우겼다며 불만스러워했다. 어느 날, 패니의 친구 데니슨 부인이 자기 집에서 음악회를 열면서 대시우드 자매가 이복 오빠의 집에서 머물고 있다고 넘겨짚고 존 대시우드 부부와 함께 초대했다. 엘리너는 그 음악회에 갔다가 보석상에서 보았던 그 오만한 인물을 발견했는데, 오빠가 데려오더니 로버트 패라스라고 소개해 주었다. 문득 누이동생들을 자기 집에서 머물도록 해야겠다는 생각이 떠오른 존은 집으로 돌아와 아내에게 남들의 이목도 있고 아버지와의 약속을 지키기 위해서도 그렇게 해야겠다고 말했으나, 패니는 에드워드가 스틸 자매의 삼촌에게 졌던 신세를 갚는다는 의미에서 '그 아가씨들'을 묵게 할 계획이었다며 반대했다. 엘리너는 할리 가로 거처를 옮긴 스틸 자매가 패니의 환대를 받으며 지내고 있다는 존 경의 이야기를 전해 듣고 패니가 동생의 약혼을 인정한다는 뜻인 것 같아 마음이 편치 않았다.

오스틴의 날카로운 풍자는 모든 사실을 알고 있는 화자의 입장에서 등장인물들의 성품에 대해 직접 언급하거나 이따금 어떤 인물의 입을 빌어 논하는 33-36장에서 다시 한번 유감없이 발휘되는데, 존 대시우드 부부가 주최한 만찬 장면을 묘사하는 부분에서 그 맛을 음미해 보자.

존 대시우드는 귀담아 들을 만한 말은 많이 하지 못했고, 패니는 더 심했다. 하지만 그렇다고 해서 각별히 창피함을 느낄 필요는 없었으니 거의 모든 손님들도 타고나거나 진보된 분별력 결여, 우아함 결여, 용기 부족, 냉철함 부족 같은 이런저런 결함들로 인해 다른 사람들의 호감을 얻기에는 역부족이었기 때문이다.

오스틴은 등장인물들의 부정적인 속성들을 긍정적으로 판단하는 척한다. 언뜻 보면, 존 대시우드를 옹호하는 것 같아도 결국 그 자리에 모인 사람들을 모두 싸잡아 깎아내리는 것인데, 대부분의 경우 등장인물들에 대한 신랄한 풍자는 엘리너의 몫이지만 여기서는 작가가 직접 맡고 있다.

오스틴의 재치가 간접적으로 발휘되는 또 다른 사례는 파머의 성격과 처신에서 찾아볼 수 있다. 우선, 자식을 지나치게 사랑하는 엄마들이 서로 자기 아들의 키가 크다고 우겨대는 장면을 비교적 오래 상세하게 보여준 직후, 갓 태어난 아기에게서 여느 아기들과 다른 점을 발견하지 못했다고 우기고 '그 아기가 이 세상에서 가장 잘생겼다는 단순한 주장에도' 동조하지 않는 파머의 객관성과 무심함을 통해 패니 대시우드와 레이디 미들튼이 모성애 때문에 이성을 잃었다고 직접 말하기보다는 우회적으로 조롱하는 것이다.

33-36장에서는 패니가 주최한 만찬부터 데니슨 부인의 음악회에 이르기까지 외견상 끝없는 초대가 여성들의

삶을 지배할 지경이란 점을 강조하고 있다. 대시우드 모녀들은 존 경의 초청을 받고 바튼으로 이사하고, 엘리너와 메리앤은 제닝스 부인의 초대로 런던에 가며, 메리앤은 윌러비에게 이끌려 앨런험에 있는 집을 구경하러 간다. 이처럼 공식 초청이 여자들의 사회활동을 구성하고, 따라서 자주 멀리까지 여행할 수 있지만 이동은 다른 사람의 뜻에 따라 결정되고 제한받았다. 반면, 남자들은 이동이 자유로웠다. 윌러비는 느닷없이 데번셔에 볼 일이 있다며 떠나고, 브랜든 대령은 런던에 급한 용무가 생겼다며 소풍을 취소하는가 하면, 에드워드는 시도 때도 없이 나타나고 사라진다. 소설 전체의 줄거리는 등장인물들의 이동과 여행을 둘러싸고 구성되지만, 오직 남자들만 활동의 자유를 온전하게 누리고 있는 것.

[제3권]

Chapters 37-41

대략 보름 후, 샬럿 파머의 집을 방문했던 제닝스 부인이 루시와 에드워드가 약혼한 지 1년이 넘었으며, 패니의 환대를 오판한 앤 스틸이 패니에게 약혼 사실을 밝혔다가 혼쭐이 나고, 자매가 쫓겨났다는 놀라운 소식을 안고 돌아왔다. 엘리너는 나중에 동생이 다른 사람으로부터 그 이야기를 듣고 언니를 걱정하거나 에드워드를 나쁘게 생각하지 않도록 담담하게 그 사실을 알려주었으며, 메리앤은 언니가 이미 4개월 전에 알고도 아무렇지도 않게 지냈다는 것이 도무지 믿어지지 않았다. 엘리너는 그동안 고통스러웠으나 마음의 평정을 유지하기 위해 꾸준히 노력했다면서, 루시와의 약속이 없었다면 '내가 불행하다는 사실을' 모두에게 드러내고 말았을 것이라고 덧붙였다. 다음날, 제닝스 부인 집을 방문한 존 대시우드는 패니가 에드워드의 비밀약혼 사실을 알고 히스테리 상태가 되었으며, 장모는 파혼하지 않으면 상속도 없고 모자의 인연도 끊겠으며 일자리까지 얻지 못하도록 막겠다고 으름장을 놓았으나 '냉정한' 처남이 말을 듣지 않고 집을 나갔다면서 안타까워했다.

3월 둘째 주의 화창한 일요일, 제닝스 부인과 함께 켄싱턴 공원에 나갔던 엘리너는 우연히 앤 스틸을 만나 그동안의 사정을 듣게 되었다. 파혼을 거부하고 집을 뛰쳐나온 에드워드가 사흘 만인 '오늘 아침에 우리를' 찾아와 겨우 부목사직밖에 얻지 못할 가난뱅이 처지로 '동생을' 고생시킬 수 없으니 결혼 얘기는 없었던 것으로 하자고 제안했지만, 루시는 경제 사정은 문제가 되지 않는다며 사랑한다는 뜻을 분명히 밝히고 부목사가 되면 결혼하기로 합의했다는 것이다. 다음날, 엘리너가 받은 루시의 편지에는 '저는' 헤어지자고 애원했으나 '그이가' 거부했다면서, '혹시 주위에 목사 임명권을 가진 분이 계시면 그이를 추천하도록 도와 달라'고 씌어 있었다.

런던에 머문 지 2개월이 넘었다. 대시우드 자매는 '파머 씨'의 초대를 받아들여 3월 말경 부활절 휴가를 떠나는 파머 부부, 제닝스 부인과 함께 클리블랜드에 들렀다가 바튼으로 돌아갈 계획을 세웠다. 브랜든 대령이 찾아와서는 델러포드의 목사 자리가 비었다는 연락을 받았는데, 수입은 변변치 않지만 에드워드에게 맡기고 싶으니 그 뜻을 전해 달라고 부탁했다. 엘리너는 사랑하는 사람이 다른 여자와 결혼할 수 있도록 도우려니 마음이 편치 않았으나 진심으로 고마움을 표했다.

엘리너가 에드워드에게 편지를 쓰려고 할 때, 런던을 떠나기 전에 제닝스 부인에게 작별인사를 하러 왔던 그가 브랜든 대령의 전갈을 전해 듣고는 크게 감동했다.

엘리너는 에드워드의 약혼 사실이 밝혀진 뒤로 상태가 좋지 않은 패니를 마지 못해 방문했다. 집을 나서다가 엘리너를 만난 존 대시우드가 브랜든 대령이 처남에게 목사직을 제안했다는 소문을 들었다며 그 사실을 '장모께는' 비밀에 붙이라면서, '우리는' 로버트를 모턴 양과 결혼시킬 작정이란 말을 늘어놓을 때, 로버트 패라스가 나타났다. 그는 목사직에 관해 들었다면서, '형은' 가족 모두가 반대하는 결혼을 함으로써 '끼니를 걱정하는 처지가 될 것'이라고 단언했다. 잠시 후, 엘리너를 맞은 패니는 '아가씨들이' 런던을 떠나게 되어 섭섭하다고 입에 발린 소리를 했다.

앤 스틸의 실수로 루시와 에드워드의 약혼 사실이 밝혀지면서 두 사람의 '애정'은 '관계'로 바뀐다. 남녀 사이의 감정적·정서적 결합인 '애정'을 품는다는 것은 사랑하게 된다는 것인 반면, '관계'는 두 남녀와 관련된 많은 개인과 집안 사이에 공식적 유대를 형성한다는 의미다. 루시와 에드워드가 서로에게 애정을 품었을 때는 남몰래 사랑하면 그만이었으나 약혼 사실이 밝혀지면서 양쪽 집안은 물론, 여러 모로 관련된 사람들이 법적·경제적 측면에서 얽히게 된다. 예를 들면, 패라스 부인은 에드워드가 부잣집 외동딸 모튼 양 대신 루시와 결혼하면 재산을 물려주지 않겠다는 뜻을 밝히지만, 브랜든 대령은 두 사람이 결혼하고 살아갈 수 있도록 목사 자리를 제안한다. 이처럼 '애정'이 '관계'로 바뀌면 얽히는 사람들의 수가 갑자기 늘어난다.

'관계'는 양쪽 집안이 더 발전할 수 있을 때만 형성하려고 하는데, 아주 배타적이기 때문에 이해당사자가 아니면서 그 '관계'에 얽힌 사람에게 호의를 보이거나 관대하면 오히려 이상하게 생각된다. 브랜든 대령이 에드워드에게 목사 자리를 제안했다는 소식에 존 대시우드는 "이거 정말 놀랍군! 그들 사이에 아무런 연고, 즉 관계도 없는데 말야!"라며 납득하지 못한다. 그러나 우리가 보아왔듯이 가슴이 찢어지는 사랑의 아픔을 겪은 대령은 에드워드의 심정을 충분히 공감하고 있으며, 게다가 엘리너가 호감을 가졌다는 사실로도 그를 높이 평가하기 때문에 돕는 것이다. 그러나 존 대시우드는 양쪽 집안의 '관계' 형성으로 서로의 삶이 더 나아질 수 있는 상황에서만 너그러움과 호의를 보이는 척한다.

Chapters 42-45

　　4월 초, 대시우드 자매, 제닝스 부인, 샬럿 파머는 클리블랜드에 위치한 파머 부부의 집을 향해 길을 떠났고, 파머 씨와 브랜든 대령은 나중에 합류한다고 했다. 엘리너와 메리앤은 그곳에서 한동안 머문 뒤 바튼 코티지로 돌아갈 예정이다. 런던을 떠나면서 엘리너는 머지않아 그리운 집으로 갈 수 있다는 생각에 마음이 들뜬 반면, 메리앤은 윌러비에 대한 믿음이 깨졌다는 사실을 되새기며 고통스러워했다. 사흘째 되는 날 오전, 일행은 클리블랜드에 도착했다. 메리앤은 그 이후로도 우울함을 떨쳐버리지 못하고 사흘째와 나흘째 되는 날 저녁 무렵에 홀로 산책을 나갔다가 젖은 채 돌아오더니 심한 독감에 걸렸고, 이틀쯤 지나자 증상이 심해져 모두들 걱정이 컸으나 '하룻밤만 푹 자고 나면 회복될 것'이라며 대수롭지 않게 여겼다.

　　메리앤은 엘리너와 제닝스 부인의 극진한 간병과 약제사 '해리스 씨'의 장담에도 불구하고 병세가 악화되더니 급

기야 잠결에 벌떡 일어나 '엄마가 온 것 같다'고 헛소리까지 해대는 지경에 이르자, 동생이 죽을지도 모른다고 생각한 엘리너가 아래층에 있던 브랜든 대령을 불러 두려움을 털어놓았다. 대령은 어머니를 모셔오겠다며 서둘러 바튼을 향해 출발했다. 혼수상태에 빠져 있는 메리앤을 진찰하고도 다른 약을 쓰면 곧 회복될 것이라며 큰소리를 치고 돌아갔던 '해리스 씨'가 오후에 다시 와서는 메리앤의 상태가 훨씬 좋아진 것을 확인하고 축하의 말을 건네자, 엘리너는 안도감과 함께 기쁨의 눈물을 흘렸으며, 제닝스 부인도 진심으로 기뻐했다. 춥고 폭풍우가 몰아치던 그날 밤, 어머니와 대령이 도착하기를 기다리던 엘리너의 귀에 언뜻 무슨 소리가 들려 내다보니 마차가 다가오고 있었다. 한시 바삐 어머니의 두려움과 절망을 풀어드려야겠다고 생각한 엘리너가 급히 아래층으로 달려 내려갔더니 거실에는 놀랍게도 존 윌러비가 들어와 있었다.

너무 놀란 나머지 얼굴색이 하얗게 질린 엘리너가 반사적으로 몸을 돌리는 순간, 술에 취한 듯한 윌러비가 엘리너를 만나러 왔다면서 변명처럼 들릴지 몰라도 그동안의 상황을 설명하고 용서를 빌고 싶다며 이야기를 시작했다. 처음에 '당신네 가족'과 친해졌을 때는 데본셔에서 지내는 동안 즐겁게 보내자는 생각 이외에 다른 의도는 없었다. 낭비벽이 심하고 빚이 많은 '저의 계획은' 돈 많은 여자와 결혼해서 가난을 벗어나는 것이었다. 따라서 메리앤과 결혼할 수 없다는 것을 알면서도 '동생의' 마음을 얻기 위해 이기적이고 야비하게 행동했으며, 사랑이 무엇인지도 몰랐기 때문에 상대방에게 얼마나 큰 상처가 될 것인지도 몰랐다. 그런데 어느 순간부터 애정을 느끼게 되었고, 경제 사정이 좋아지면 청혼하려고 차일피일 미루고 있던 차에 먼 친척 누군가가 일라이자 사건을 스미스 부인에게 고자질했다. 맹세컨대, 그녀가 그토록 어려운 처지에 빠져 있었다는 사실은 몰랐다. 부인은 노발대발하면서 그녀와 결혼하면 용서하겠노라고 제안했지만 거부하고 쫓겨났다. 잠시 고민과 갈등에 휩싸였던 '저는' 사랑보다는 부자로 살고 싶었기 때문에 그레이 양과 결혼했지만, 언제까지나 '제게' 변함없이 소중한 사람은 메리앤뿐이다. 그러니 이 이야기를 '동생 분께' 전해 주고, 용서도 빌어주기 바란다는 것. 엘리너는 솔직하고 다정다감한 사내가 낭비벽과 사치 때문에 진정한 사랑을 포기했던 대가를 톡톡히 치르고 있는 모습을 접하고는 용서하는 마음과 동정심이 생겨났다.

클리블랜드에 도착한 대시우드 부인과 브랜든 대령은 메리앤의 상태가 좋아졌다는 말을 듣고 안도의 한숨을 내쉬었다. 얼마 후, 엘리너와 단둘이 남게 된 부인은 이곳으로 함께 오면서 대령이 '뜨겁고 진실한' 마음을 모두 털어놓았다면서, 두 사람을 맺어주기 위해 힘껏 돕겠다는 말을 해주었다고 덧붙였다.

: 풀어보기

　메리앤은 지나치게 낭만적인 감성과 몸을 돌보지 않은 무심함 때문에 병에 걸렸다고 할 수 있다. 한편으로는 윌러비의 배신과 함께 달콤한 소망과 꿈이 깨져버리면서 '신경과민 증상'이 시작되었고, 다른 한편으로는 물웅덩이 길에 발이 빠지는 것도 아랑곳하지 않고 산책하다가 독감에 걸린 것. 오스틴이 메리앤의 병세가 악화되는 과정을 소상히 묘사하는 이유는 그녀의 병이 빅토리아 시대 여성들에게서 흔히 나타나던 히스테리 증세가 아니라고 납득시키려는 것이다. 맨 처음 메리앤은 난로 곁에 앉아 하루 종일 오들오들 떨던 상태에서 밤에는 고열로 심하게 몸을 뒤척이는 상태를 거쳐 1주일쯤 뒤 '한결 좋아졌다'가 다시 몇 시간 후에 열이 나고 한밤중에 느닷없이 헛소리를 해대는 장면은 멜로드라마에서는 음산한 느낌을 주는 것 같지만, 당시의 유명한 의학서들에 따르면 고열에 의한 헛소리는 아주 흔한 증세였다. 따라서 메리앤은 지금 정신과 육체가 모두 아픈 상태라고 할 수 있다.

　엘리너는 아픈 동생을 돌보는 일뿐만 아니라 어떤 면에서는 동생을 그 지경으로 만들었다고 할 수 있는 존 윌러비도 대면해야 하는 심적 부담을 겪는다. 런던에 있을 때는 월러비의 편지를 읽고 '아주 악랄한' 인간이라고 생각했으나 지난 사실을 모두 털어놓자 가엾게 여기는 한편, 그의 행동과 심정을 이해하게 되고 안타까운 마음도 드는 것. 물론, 월러비의 나쁜 행실은 용서할 수 없지만, 그의 고백은 적어도 그렇게 행동할 수밖에 없었던 동기는 설명해 주고 있다. 따라서 아마도 엘리너는 그가 결코 자기를 행복하게 만들 수 없는 여자와의 사랑 없는 결혼으로 인해 지금까지 고통스러웠고, 앞으로도 고통받을 것이란 사실을 알기 때문에 용서가 한결 수월해질지도 모른다. 그리고 괘씸할지언정 동생에 대한 사랑은 거짓이 아니었다는 점도 용서에 한몫 거들 것이다. 결국 솔직하고 열정적인 고백이 합리적이고 냉철한 엘리너의 마음마저 움직이게 하는 것.

오스틴은 자신의 소설에 자주 등장하는 부류의 악한으로 치부될 뻔했던 월러비를 끝부분에서 재등장시켜 그들과는 다르게 보일 수 있는 깊이를 부여한다. 스스로 잘못을 시인하고 이유를 밝히도록 만들어 〈오만과 편견〉에서 베넷가의 막내딸 리디아 베넷을 내내 농락하는 조지 위컴과는 미묘하나마 다른 면을 보여주는 것. 월러비의 재등장으로 독자들은 몹시 궁금하던 변심의 이유를 알게 되고, 그의 사랑을 굳게 믿었던 메리앤의 생각이 옳았던 것으로 판명되면서 이 작품은 서서히 대단원을 향해 나아간다.

Chapters 46-50

대략 1주일 후, 대시우드 모녀들은 브랜든 대령이 빌려 준 마차를 타고 이틀 만에 바튼 코티지로 돌아왔다. 메리앤의 상태는 계속 좋아졌다. 어느 날, 산책 도중에 메리앤이 윌러비와 처음 만난 곳을 가리키며 ‘그이’가 처음부터 ‘나를’ 속인 것은 아니고 ‘그 불행한 아가씨’를 버릴 만큼 ‘사악한 사람’도 아니란 확신만 들면 마음이 편할 것 같다면서 ‘그이’를 알게 된 이후부터 주변 사람들에게 너무 불친절하고 이기적으로 행동했으며 ‘내 병’도 자업자득이었다고 자책하자, 엘리너가 조심스럽게 윌러비의 고백을 들려주며 위로했다.

엘리너로부터 윌러비의 고백을 전해들은 대시우드 부인은 그를 딱하게 여기고 행복하기를 바라면서도 딸과 일라이자에게 저지른 죄는 완전히 용서할 수 없었다. 메리앤이 그 모든 사실을 알고 나서는 ‘그이’와 결코 행복하게 살 수 없었을 것이라고 시인하자, 엘리너는 그가 후회하는 이유는 그 결혼으로 행복을 얻지 못했기 때문이라며, 너와 결혼했더라도 역시 불만스러웠을 것이라고 말했다. 지금 아내는 경제적으로는 보탬이 되었지만 사람이 마음에 들지 않고, 또 사랑스럽고 상냥한 '너'와 살면서 가난에 쪼들렸다면 안락한 생활을 더 중요하게 생각했을 사람이었다는 것. 대시우드 집안의 하인 토머스가 엑시터에 일을 보러 나갔다 돌아와 '패라스 씨'가 루시 스틸과 결혼했다는 소식을 전했다. 메리앤은 히스테리적인 반응을 보이며 주저앉았고, 엘리너는 실망한 모습이 역력했다. 대시우드 부인은 하얗게 질린 큰딸의 모습을 보면서 지난 몇 개월간 속 깊고 말수 적은 딸의 아픔에 무심했다는 것을 깨닫고 마음이 아팠다.

며칠 후, 엘리너는 말 탄 '신사'가 집 쪽으로 다가오는 것을 보며 브랜든 대령이라고 생각했지만, 뜻밖에도 에드워드 패라스였다. 그가 집 안으로 들어서자 대시우드 부인은 반갑게 맞이하며 축하의 말을 건넸고, 엘리너는 '에드워드 패라스 부인'의 안부를 물었다. 당황한 그가 '제 동생이 지난주에 루시 스틸 양과 결혼했다'고 말하자, 엘리너는 기쁨의 눈물을 참지 못하고 밖으로 뛰쳐나갔다.

세 시간쯤 후, 산책을 나갔던 에드워드가 돌아와 청혼했고, 엘리너와 대시우드 부인의 승낙을 얻었으며, 루시와 약혼했던 상황에 대해 설명했다. 엘리너는 로버트가 자기 입으로 매력이 없다고 말했던 형의 약혼녀와 결혼한 것이 도무지 이해할 수 없었다. 에드워드는 루시가 동생과의 약혼 사실을 알리기 위해 보낸 편지를 보여주었다. 며칠 뒤, 바튼을 찾아온 브랜든 대령은 엘리너와 에드워드의 약혼 소식을 듣자 크게 기뻐했다.

여전히 작은아들을 편애하는 패라스 부인은 큰아들과 화해하고 결혼을 승낙하면서 5,000파운드밖에 주지 못하는 것에 대해 이런저런 변명을 늘어놓았지만, 두 사람에게는 기대 이상의 큰돈이었다. 델러포드에 보금자리를 마련한 에드워드와 엘리너는 메리앤과 브랜든 대령이 자주 만나 애정이 생기도록 돕기 위해 빈번하게 초대했다. 그리고 마침내 결혼한 대령과 메리앤은 언니 부부와 이웃한 곳에 살면서 자매의 정을 듬뿍 나누었고, 바튼에 남은 어머니와 마거릿과도 끊임없이 애정 어린 편지를 주고받으며 행복하게 살았다.

하인 토머스가 '루시 스틸 양과 패라스 씨'의 결혼 소식을 전했을 때, 메리앤은 히스테리 반응을 보이는 반면, 엘리너는 몹시 낙담한 상태에서도 평상심을 잃지 않는다. 그런데 이들 자매의 반응은 두 차원에서 역설적이다. 첫째, 에드워드의 결혼 소식에 눈물을 흘리고 훨씬 더 민감하게 반응할 사람은 메리앤이 아니라 에드워드에게 애정을 품었던 엘리너라야 한다. 둘째, 마치 자매가 역할을 바꾼 듯이 반응할 뿐만 아니라 지금 화제에 오른 에드워드와 로버트의 역할도 바뀌었다. 아직은 독자들이 모르고 있지만, 어쨌든 실제 결혼하는 인물은 로버트인 것.

　메리앤과 브랜든 대령의 결혼은 너무 비현실적이라고 평가하는 평론가들도 있다. 냉철하고 처신이 한결같으며 실질을 중시하는 대령과 낭만적이고 충동적이며 모든 면에서 정반대인 메리앤의 결혼은 그녀가 낭만적 이상을 모두 포기한다는 의미인데, 그녀의 성격상 전혀 어울리지 않는다는 것. 게다가 그들은 소설 내내 거의 접촉이 없었고, 마지막 부분에서는 더더욱 그렇다. 따라서 메리앤은 대령을 월러비만큼 사랑하게 될 것 같지 않고, 그를 거의 알지도 못한다. 그럼에도 불구하고 오스틴은 이 작품을 두 사람의 결혼으로 끝내면서 메리앤의 변화를 이렇게 표현하고 있다.

"메리앤은 자신의 견해가 잘못되었다는 것을 깨닫고, 자신의 행실에 의해 자기가 가장 소중히 여기는 좌우명을 거스르는 운명을 타고났다."

　독자는 과연 메리앤이 브랜든 대령을 사랑할 수 있을지 의문스럽겠지만, 오스틴은 사람이란 변화하는 환경에 따라 자신을 개조할 수 있다는 사실을 확신하기 때문에 가능한 일이다.

〈이성과 감성〉은 가장 중요한 애정은 남녀 사이의 애정이 아니라 자매의 정이라고 상기시키면서 끝을 맺는다. 자매는 각자 가정을 꾸렸지만 가까이 붙어살면서 소설 내내 드러났던 서로에 대한 존중과 애정을 변함없이 가꾸고 지켜나가는 것.

이 작품에서는 엘리너와 메리앤 자매가 둘째 아들들과 결혼한다. 분명히 맏아들이었던 에드워드 패라스가 어머니에게 내침을 당하고 재산도 상속받지 못하면서, '이제부터 로버트가 사실상 장자로 간주될 것'이란 존 대시우드의 말처럼 맏아들의 자리를 잃기 때문이다. 브랜든 대령은 연인 일라이자가 형과 결혼해도 속수무책으로 당한 둘째 아들이다. 에드워드와 대령은 이 소설의 주인공인 반면, 맏아들 존 대시우드, 로버트 패라스, 대령의 형은 부정적으로 그려지고 있다. 당시 맏아들은 장자 상속법에 따라 가문의 모든 재산을 물려받았다. 그러나 여기서는 장자 상속법과 무관하게 결국에는 둘째 아들들이 경제적·사회적 제약에도 불구하고 행복하게 살아간다.

다음 질문에 대해 간단히 서술하시오.

1. 평론가들은 〈이성과 감성〉의 전체 줄거리가 사실의 은폐와 공유 사이의 긴장에 의존한다고 말한다. 그 견해에 동의하는가?

    — 이 작품에서 비밀과 사실의 은폐는 아주 중요한 주제들이다. 등장인물들 사이의 애정은 통상 남몰래 시작되었다가 나중에 가서야 다른 사람들에게 알려지는 것. 예를 들면, 루시와 에드워드의 약혼은 4년간 비밀에 붙여졌다가 루시의 언니에 의해 우연히 밝혀진다. 브랜든 대령과 일라이자 윌리엄스의 은밀한 관계도 나중에 대령의 아버지에게 알려진다. 메리앤과 윌러비의 관계는 메리앤이 어머니와 언니에게 구체적으로 말해 주지 않는 바람에 계속 아리송한 의문을 낳는다. 엘리너는 에드워드에게 느끼는 감정을 냉정하고 침착한 태도로 드러내지 않는다. 제닝스 부인처럼 남의 이야기에 열을 올리는 사람들 때문에 이따금 비밀 유지가 좋을 때도 있다. 애정 관계를 공식적으로 드러내면 심술궂고 악의적인 사람들의 입방아에 오를 위험성이 생기기 때문이다. 그러나 모든 비밀은 결국 의지와 무관하게 밝혀지는데, 당사자의 뜻과 달리 탄로 나면 가슴 아픈 결과가 초래될 때도 있다. 윌러비와 소피아 그레이의 약혼이 알려지자 메리앤이 상처를 받고, 에드워드와 루시의 약혼이 드러나자 엘리너가 마음 아파하는 경우인데, 이 같은 순간에 줄거리는 중요한 전환점을

맞는다. 줄거리를 따라가며 분석한다는 것은 비밀이 밝혀지는 상황을 따라가며 분석하는 것이라고 말할 수 있다. 따라서 〈이성과 감성〉은 남녀 관계를 비밀에 붙이는 일의 장단점을 저울질하는 작품으로 간주할 수도 있다.

2. 오스틴이 이 소설을 익명으로 출판한 이유와 어떤 불이익을 감수했을지 설명하라.

―1811년 출간된 초판의 속표지에는 작가의 실명 대신 "어떤 숙녀 지음(by a lady)," 그리고 2판은 "〈오만과 편견〉의 작가 지음(by the author of *Pride and Prejudice*)"이라고 표기했다.(1813년 1월 출간된 〈오만과 편견〉도 작가의 실명은 밝히지 않음) 오직 직계 가족들만 오스틴이 이 작품들의 작가라는 사실을 알고 있었다. 비록 익명 출판은 작가로서의 명성을 얻는 일에는 걸림돌이 되었지만, 여자의 사회진출이 여성성의 상실로 비난받던 당시에는 세상의 이목을 피할 수 있는 방편이 되어주었다. 실제로 오스틴은 초튼에서 살 때, 사람이 다가오면 삐거덕 소리가 나는 방에서 작품을 썼고, 인기척이 나면 재빨리 원고를 감추곤 했다. 게다가 다른 한편으로는 억압적인 분위기가 팽배했던 당시 상황 때문에 실명을 감췄을 수도 있다. 〈이성과 감성〉을 쓰던 초기에는 나폴레옹 전쟁이 진행되면서 정부의 검열이 성행했던 것.

　그러나 한 가지 고려할 만한 문제가 있다. 만약 오스틴이 여성 작가라고 밝혔더라면 다른 여류 소설가들의 등단이 훨씬 쉬워졌을지도 모른다는 점이다. 그리고 오스틴의 작품들은 여자도 남자와 똑같이 지적이고 기지가 넘치며 통찰력이 있다는 사실을 입증한다. 따라서 여성 독자들은 그녀의 작품들을 읽으면서 자신감을 키울 수 있었을 것이고, 게다가 그 작품들이 여류 작가의 눈에 비친 인간 사회의 모습이란 사실을 알았더라면 신랄한 풍자를 더욱 의미심장하고 귀하게 여길 수도 있었을 것이다. 여성들이 당당히 자신들의 목소리를 낼 수 없던 시기에 여성의 세계와 사고 전반을 생생하게 보여주고 있기 때문이다.

3. 〈이성과 감성〉은 두 주인공 엘리너와 메리앤 자매의 결혼으로 끝을 맺고 있지만, 결혼 자체와는 무관하게 오스틴의 다른 작품들과 달리 가장 슬픈 결말이라고 주장하는 독자들이 있다. 이 견해에 동의하는가?

4. 메리앤이 브랜든 대령과 결혼하기로 결정한 것이 가능하다고 생각하는가? 가능성 여부와 그 이유를 설명하라.

5. 이 소설에서는 엘리너와 메리앤의 막내 동생 마거릿의 비중이 보잘것 없다. 그렇다면, 오스틴이 마거릿을 등장시킨 이유는 무엇인가? 마거릿으로 인해 줄거리가 더 확대되는가? 마거릿이 다른 등장인물에 대한 설명을 도와주는가?

6. 오스틴이 이 소설에서 전개하는 아이들에 대한 묘사에 대해 논하라. 레이디 미들튼의 네 아이들, 마거릿 대시우드, 파머 씨의 갓난 아들 등. 등장인물들은 그 아이들에 대해 어떻게 말하는가? 오스틴이 그 아이들에 대해 직접 언급하는 내용은? 그 아이들의 행동은 독자에게 어떤 인상을 주는가?

7. 엘리너 대시우드는 1인칭 화자는 아니지만 대부분의 이야기가 그녀의 시각을 통해 전달되고, 오스틴은 그 견해에 동조하는 것 같다. 작가가 이 같은 서술 방식을 택한 이유는?

8. 〈이성과 감성〉에서 편지의 역할은 무엇인가? 오스틴이 편지 내용을 제시하는 상황과 편지가 오갔다는 사실만 언급하는 상황을 제시하라. 두 상황을 판단한 기준은 무엇이었을까? 그 편지들이 줄거리를 확대시키거나 인물의 특성을 묘사하는 방식은?

9. 메리앤을 버리기 이전의 윌러비는 호감이 가는 인물인가? 오스틴이 소설 초반부에서 윌러비가 겉보기와 다른 인물이라고 암시하는 내용은?

다음 질문에 알맞은 답을 고르시오.

1. 엘리너와 메리앤이 머물며 지낸 곳이 아닌 곳은?
   A. 델러포드
   B. 클리블랜드
   C. 앨런험
   D. 바튼

2. 패니 대시우드와 동기간인 사람은?
   A. 루시 스틸
   B. 브랜든 대령
   C. 존 윌러비
   D. 로버트 패라스

3. 루시 스틸과 에드워드 패라스의 비밀약혼 사실을 발설한 사람은?
   A. 메리앤 대시우드
   B. 앤 스틸
   C. 제닝스 부인
   D. 존 미들튼

4. 지나친 감성의 면에서 볼 때, 메리앤과 가장 비슷한 사람은?
   A. 어머니 대시우드 부인
   B. 언니 엘리너
   C. 아버지
   D. 이복 오빠 존

5.	제인 오스틴은 애초에 이 소설을 어떤 형식으로 썼는가?

A. 서간체 소설

B. 서사시

C. 희곡

D. 비극

6.	오스틴이 살던 당시 영국의 유산상속 원칙은?

A. 별거 수당

B. 장자 상속

C. 양도

D. 증여

7.	부자라고 언급되지 않은 사람은?

A. 소피아 그레이

B. 모튼 경

C. 패라스 부인

D. 윌러비

8.	소설 내내 브랜든 대령이 사랑했던 사람은?

A. 엘리너

B. 메리앤

C. 루시 스틸

D. 일라이자 윌리엄스

9.	소설은 어떤 사회적 현상에 대한 고찰로 시작되는가?

A. 재산 상속

B. 근친상간

C. 결혼

D. 모반

10. 메리앤이 윌러비에게 건네는 사랑의 정표는?

A. 반지

B. 자른 머리채

C. 정원에서 꺾은 장미 한 송이

D. 진주 한 알

11. 소설에서 아이를 낳는 사람은?

A. 제닝스 부인

B. 패라스 부인

C. 파머 부인

D. 레이디 미들튼

12. 메리앤의 가장 큰 재능은?

A. 피아노 연주

B. 그림 그리기

C. 춤추기

D. 피겨 스케이트 타기

13. 엘리너와 메리앤이 런던에서 이복 오빠 존을 최초로 만난 장소는?

A. 무도회

B. 보석상

C. 시장

D. 만찬 연회

14. 제인 오스틴이 살았던 시절에 포함되는 연도는?

A. 1700년

B. 1750년

C. 1800년

D. 1850년

15. 〈이성과 감성〉의 출판과 관련된 사실이 아닌 것은?

A. 익명 출판

B. 오스틴의 처녀 출판작

C. 자비 출판

D. 출판되자마자 평론가들의 엄청난 호평을 받았다.

16. 존 대시우드가 엘리너에게 결혼상대로 부추기는 사람은?

A. 브랜든 대령

B. 모튼 경

C. 존 윌러비

D. 에드워드 패라스

17. 퀸 맵은 무엇을 가리키는가?

A. 〈로미오와 줄리엣〉에 등장한다.

B. 말(馬)

C. 윌러비가 메리앤에게 주기로 한 선물

D. 위의 전부

18. 소설 끝부분에서 윌러비의 고백을 듣는 사람은?

A. 엘리너

B. 메리앤

C. 대시우드 부인

D. 루시 스틸

19. 소설에 등장하는 여인들이 시간을 보내는 놀이나 방식이 아닌 것은?

A. 카드놀이

B. 피아노 연주

C. 그림 그리기

D. 시 쓰기

20. 소설에 따르면, 헤어진 연인들의 관행적인 행동은?

A. 편지 돌려주기

B. 공개 결투

C. 상대방의 초상화 찢기

D. 서로의 존재 무시

21 패라스 부인이 재산을 상속하겠다며 에드워드와 결혼시키려던 사람은?

A. 엘리너 대시우드

B. 모튼 양

C. 루시 스틸

D. 메리앤 대시우드

정답

1. C 2. D 3. B 4. A 5. A 6. B 7. D 8. B 9. A 10. B

11. C 12. A 13. B 14. C 15. D 16. A 17. D 18. A 19. D 20. A

21. B

미국에서 1억부 이상 판매된 기적의 논술가이드
클리프노트가 한국에 상륙했다!!

방대한 고전을 하루만에 독파하는 스피드
다락원 명작노트 **CliffsNotes™** 시리즈는

▶ 미국대학위원회, 서울대, 연·고대 추천 고전을 알기 쉽게 재구성한 대한민국 대표 논술교과서입니다. ▶ 작품의 핵심내용과 사상, 역사적 배경, 심볼, 작가의 의도 등을 명확하게 정리하여 방대한 원작을 쉽고 빠르게 이해할 수 있게 해줍니다. ▶ 미국에서 리포트, 논술용으로 1억 부 이상 팔린 초베스트셀러의 명성에 비평적 사고와 논리적 글쓰기의 모델을 제시하는 〈一以貫之〉의 논술 노트를 통해 사고 능력, 읽기 능력, 쓰기 능력을 체계적으로 길러줍니다.

★ 〈一以貫之〉 논술연구모임: 대입 논술이 시작될 때부터 학원과 학교에서 논술을 가르쳐온 전문가들의 모임입니다. 현재 서울·분당·평촌·인천·광주·부산·울산 등의 유명 학원과 고등학교의 논술강의 현장에서 학생들이 '자신의 물음'과 '자신의 생각'을 갖고 '자신의 글'을 쓸 수 있도록 도와주고 있습니다.

다락원 명작노트 **CliffsNotes™** 시리즈 50권 출간

행복한 명작 읽기

영어 독해력 증강 프로그램

〈행복한 명작 읽기〉는 기초가 약한 영어 초급자나 초, 중, 고 학생들이 보다 즐겁고 효과적으로 명작들을 읽으며 독해력을 키울 수 있도록 개발된 독해력 증강 프로그램입니다.

국판 | **Grade 1, 2, 3** 각권 **6,000원**(오디오 CD 1개 포함)
Grade 4, 5 각권 **7,000원**(오디오 CD 1개포함)
*어린왕자 **8,000원**(오디오 CD 2개 포함)
고도를 기다리며 **9,000원(오디오 CD 2개 포함)

책의 특징

1 골라 읽는 재미가 있다. 초보자를 위한 350단어 수준에서 중고급자를 위한 1,000단어 수준까지 5단계 구성.
2 단계별로 효과적인 영어 읽기 요령과 영문 고유의 참맛을 느낄 수 있는 장치가 곳곳에.
3 읽기만 해도 영어의 키가 쑥쑥 - 해석을 돕는 돼지꼬리(◠), 영어표현 및 문법 설명, 퀴즈가 왕창.
4 체계적인 듣기 학습까지. 전문 미국 성우들의 생동감 넘치는 원음을 담은 오디오 CD 제공.

Grade 1 Beginner	**Grade 2** Elementary	**Grade 3** Pre-intermediate	**Grade 4** intermediate	**Grade 5** Upper-intermediate
350words	**450**words	**600**words	**800**words	**1000**words
1 미녀와 야수	11 이솝 이야기	21 톨스토이 단편선	31 오페라 이야기	41 센스 앤 센서빌리티
2 인어공주	12 큰 바위 얼굴	22 크리스마스 캐럴	32 오페라의 유령	42 노인과 바다
3 크리스마스 이야기	13 빨간머리 앤	23 비밀의 화원	33 어린 왕자*	43 위대한 유산
4 성냥팔이 소녀 외	14 플랜더스의 개	24 헬렌 켈러, 나의 이야기	34 돈키호테	44 셜록 홈즈 베스트
5 성경 이야기 1	15 키다리 아저씨	25 베니스의 상인	35 안네의 일기	45 포 단편선
6 신데렐라	16 성경 이야기 2	26 오즈의 마법사	36 고도를 기다리며**	46 드라큘라
7 정글북	17 피터팬	27 이상한 나라의 앨리스	37 투명인간	47 로미오와 줄리엣
8 하이디	18 행복한 왕자 외	28 로빈 후드	38 오 헨리 단편선	48 주홍글씨
9 아라비안 나이트	19 몽테크리스토 백작	29 80일 간의 세계 일주	39 레 미제라블	49 안나 카레니나
10 톰 아저씨의 오두막	20 별|마지막 수업	30 작은 아씨들	40 그리스 로마 신화	50 나에겐 꿈이 있습니다 -명연설문 모음

쉬운 영문을 통해 영어 독해에 대한 막연한 두려움을 없앤다

실력에 맞게 효과적으로 끊어 읽으며 직독직해 훈련을 한다.

영문판 원서 도전을 위한 전 단계의 준비과정이다.

왕초보 기초다지기 **실력 굳히기** **영어의 맛** 제대로 느끼기